U0000050

喜歡的事開心做，
不喜歡的事耐心做

SPECIAL GIFT DELIVERY

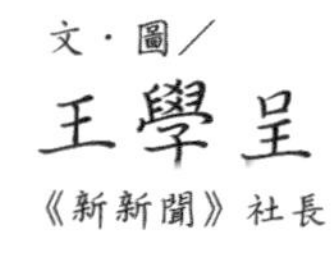

文·圖／
王學呈
《新新聞》社長

目錄

5 富慧人生

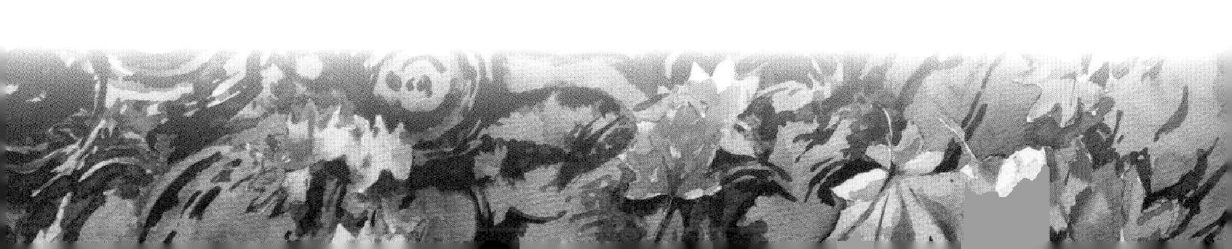

〔推薦序〕

不怕沒機會，只怕沒抓對

人生無法計畫，重點是抉擇。只要能夠在幾個重要的轉折點，作出正確的決定，之後的路途截然不同。

以我自己為例，我在台大唸的是社會學系，到美國原本繼續念社會學博士班，研究的主題是「美國大公司組織型態的改變」，學分都修完了，剩下論文。

那年我二十九歲，讀過了許多企業併購的理論，我覺得自己應該進美國大公司工作，有一些實務經驗，這樣有助於我的論文寫作。於是以哥倫比亞大學MBA的學歷，我進了紐約高盛集團（The Goldman Sachs Group）總部，學習投資銀行的工作。高

櫻花 王學呈 3/1

盛有很好的導師制度，一對一，導師對導生不只是專業知識的傳授，還包括職業道德倫理、職涯規劃等等。

我在高盛碰到很多良師益友，經過思考之後，決定留在高盛工作，放掉博士學位。如果我當年沒有去高盛，或許我就拿到博士學位，變成學者，走進學術研究的殿堂。我的人生將是完全不同的景象。

Henry Paulson是我在高盛的導師之一。他曾擔任高盛集團主席，二〇〇六年至二〇〇九年擔任美國財政部長。我近距離觀察他如何待人處事，獲益良多。

舉例來說，有一次在北京，我問他：「Hank，您這麼忙碌，您是怎麼安排時間的？」

Paulson回答：「我把時間分成四等分，因為我是公司負責人，必須有四分之一的時間跟國會山莊的政客及監理機構打交道，四分之一的時間拜訪客戶，四分之一的時間思考公司的業務及策略，最後保留四分之一的時間給『高盛人』。」

Paulson招募最優秀的人才，帶領部屬，跟同仁說話聊天，協助部屬成長。每一個領導人都應該花時間跟部屬相處，幫公司和社會培養人才。

人生無處不可學習，我們永遠要抱持學習的心態，跟人學習，向市場學習，例如我觀察比特幣，從區塊鏈開始，一直演化到現在這個模樣，中間有很多體悟和學習。

人生很好玩。我從大學的社會系畢業，去美國研讀企業管理，進入投資銀行，退休之後籌設風傳媒，變成媒體人，所有的轉折都充滿樂趣。人生永遠有新的機會出現，就像每年春天都有燦爛的櫻花綻放，就看你能否掌握。

張果軍（風傳媒集團董事長）

〔推薦序〕

反璞歸真的簡約之美

王學呈兄出版新書囑我作序，我津津有味看書中故事為樂，談作序則實在不敢當。但在此推薦學呈兄歷練豐富、學養甚深，是內外兼修的高手。看盡人生百態與與樓起樓塌，閱遍俊男美女與悲歡離合。但胸中有丘壑更有善念，書中常見到直言勸告但兼有體諒與包容，十足接近孔老夫子說的「友直、友諒、友多聞」益者三友。

看俊男美女故事可以怡情，看職場鬼故事可以修煉金剛不壞之身，看勸人行善積德養智慧天道酬勤的正能量故事則可以成就「富慧人生」（書中第五章）。

同發農產行
台北市安西街 王學呈

我假日休閒仍然愛看書常看書（我愛聽故事），農曆過年前有媒體朋友問我過年讀什麼書，我笑而不答。其實最近二個月就是一看學呈兄的書，二看漫畫鬼滅之刃（二刷），三看司馬光大部頭資治通鑑（三刷）。看書聽故事其實是分享人生也是怡情悅性，作大事可以齊家治國平天下，作小事可以指導你不要誤交損友或選股賣股不貪不求，新年連假好好讀書誰曰不宜，誰叫書中自有顏如玉、書中自有黃金屋。

學呈兄在書中談他經歷過的事業興衰也談用人選材的職場經驗，更花費半本書的篇幅談男人心情與女人愛情（工商社會中的麵包與愛情），其中有大智慧存焉，是用心海羅盤在看人生百態。

但如「男人的心情」一章中所提示的「平凡才是最真實的」，卓越植根也來自於平凡。也如「女人的愛情」一章中所提示的：「現代的人，非常聰明，但缺乏智慧；精於計算，但沒有勝算。」這是學呈兄在滾滾紅塵中帶領成千上百子弟兵，笑看十年後俊男美女成為熟男熟女，在杯觥交錯中認識諸多梟雄英雄後的感慨。

當我閱讀〈台積電跌破年線的時候〉這一篇，看到學呈兄歷經歲月磨練，已懂得在股市中留百分之十餘裕，雖挑選到優質股票賺到錢也不肯把福氣用盡，總是留有餘裕而又獲利頗豐（網路俗稱「已羨慕」），我相當讚歎，這種股海波濤中不懼怕也不貪求的定性不是一朝一夕功夫的。

當我閱讀〈欲望變小，幸福就變大〉一篇，在日本奈良和台灣新埔鎮旅行的學呈兄看到台日農家都曬柿餅，看豐饒和吉祥的紅色柿子感慨：「景氣順遂的時候追求比較高的收入，旅行較遠的行程。景氣不振的時候我們企求平穩的收入，在地也可以旅行。」「不管順不順遂，日子總要開心的過。珍惜生活，把欲望縮小。」我也十分喜歡這種歷經千山萬水後圓潤的人生哲學。

當我看到「女人的愛情」這章的〈人被騙沒關係，錢平安就好〉一篇時候，更是莞爾一笑。一開始我還以為是文字順序的誤植，再深入看下去才知道這是學呈兄勸導政大學妹「年過五十、存錢不易」不要輕易被愛情渣男找藉口掏空荷包，勸女人莫被虛偽愛情沖昏頭的「金句」。政大學妹一開始還怪他你這個人怎麼不講感情鐵石心腸，但是學呈兄的「人被騙沒關係，錢平安就好」的人生哲學阻止了飛蛾撲火的黃昏愛情，實在是透徹之見。

最後，如〈花見〉一篇所提的，豐臣秀吉往訪茶聖千利休，見小小茶室的簡單壁龕中只擺放一朵牽牛花，連太閣豐臣秀吉也感動於侘寂簡約之美勝過滿室生輝的黃金。是否學呈兄想要呈現的也是這種反璞歸真的簡約之美的人生觀呢？願讀者諸君親自閱讀玩味分享之。

童子賢（和碩聯合科技董事長）辛丑年春

京都 東福寺
王學呈 9/29 2017

自序

水流花開自有時

一月八日，我到嘉義市旅行，正逢寒流過境，氣溫七度，風吹起來的體感溫度接近零度。當天我幾乎以行軍的速度在嘉義市區行走，靠運動來禦寒。

我從嘉義舊酒廠開始觀賞，那是個非常無聊的景點，過馬路到嘉義市立美術館，剛好在整修，沒東西看，真是敗興。接下來我沿著中山路行走，特別繞到城隍廟，向城隍爺致意。

午餐吃霸王沙鍋魚肉和肉臊飯，又吃了水果切盤，開始覺得這次旅行有點意思。橫貫中山路到底，就是嘉義公園，進公園走了十幾分鐘，在一條小溪旁，看到好幾棵紅花風鈴木盛開，奼紫

紅花風
嘉義公
1/31 2

嫣紅，在風中搖曳生姿，值得拍照作畫，因為這一幕，這次的嘉義之行有了記憶點。那是下午一點半，我在嘉義市行走三個多小時之後，才看到的美景。

花開是一種時節因緣，我們在職場和市場也需要機緣，那是努力和等待的總和。尤其是二〇二〇年開始的新冠肺炎疫情，讓市況更加膠著混沌，「博觀而約取，厚積而薄發」（這是蘇東坡的名言）是必要的境界。約取才有焦點和分眾，厚積才能夠經得起時間的考驗。

經營事業的關鍵是策略和團隊。好的策略就是找到市場運行的軌跡，把公司的產品和服務放在適當的位置，靜待水流花開，收割成果。

而團隊是一種組合，彼此互補。團隊的有效運作需要一種磁場，相互支援，共存共榮。

誠如和碩集團創辦人童子賢所說，新冠肺炎讓未來世界提早五年到來，例如電商、數據、人工智慧、遠距、個人化服務、分眾垂直等等。這些元素，讓市場更加複雜，也更為有趣，經營者需要創新的精神和堅忍的修為。

因為未來不可測，猶如未知的旅程，我認為所有經營者和從業人員都要有「樂在其中」的心境，順境也好，逆境也好，都是市場運行的過程；暖時也罷，寒天也罷，這是人生的歷程。

這年頭，工作不全然是工作，有時候比較像修行。

我一直相信，心存善念、養深積厚是長線贏家的修持。有了這樣的境界，就可以在市場的顛仆之中，屢癈屢建，生生不息，等到屬於自己的水流花開。

濟南基督教長老教會 王學呈 9/29 2019

1 江湖

江湖，只有走過，沒有對錯。
江湖多變，我們只能低頭向前走。
失敗的時候，想想自己的業報；
想要成功，耐心鋪好所有的因果。

江湖 只有走過 沒有對錯

他曾在集團有過汗馬功勞，如果不是他，那個集團早就倒閉了。後來董事會想要有所改變，他被換下來了，無預警的，不歡而散。

事隔半年之後，他去幫另一個集團寫案站台，這讓人難以想像。因為這個集團是他原來任職集團的頭號勁敵，不共戴天。

這樣的事也曾經發生在我身上。二〇一五年夏天，我離開《商業周刊》，去《今週刊》，目的是為了歷練數位內容和數位業務，在商周我爭取不到這樣的機會，而《今週刊》提供類似的職位，我就去了，當時有些商周同仁對此感到不解，甚至有人認為我「叛國」。

其實在金融界、科技業或房產業，這種案例司空見慣，台積電的高層去聯電，花旗銀行的人去富邦金控，永慶房屋的店長去別家房仲集團，有的甚至整批

佐保川畔 奈良
王學星 2/12 2021

走人，帶槍投靠。昔日的隊友變成今天的對手，去年的敵人變成今年的同事。

或許，這就是人生，這就是江湖。江湖，只有走過，沒有對錯；江湖，只有成敗，沒有是非；江湖，沒有長久的情義，但有永遠的恩怨。

很多事，只有當事人才知曉。對錯要怎麼論斷？輸贏要如何計算？

我在《今週刊》只待了半年多，因為水土不服，剛好東森新聞雲在找人，我順勢轉檯，沒想到在東森新聞雲也只待一年多，彼此氣質差太多，分手是必然的。

行走江湖這麼多年，我慢慢發覺，所有事情都有因果，但是努力不會白費。如果不是《今週刊》，我大概去不了東森新聞雲；如果不是東森新聞雲，我在風傳媒可能無法勝任愉快。

現在出去比案搶預算，碰到商周集團、東森新聞雲、《今週刊》和《蘋果日報》的人馬，只要看到他們的陣容，大概猜得出來他們會用什麼招式，閉上眼睛可以想像他們的簡報邏輯和報價區間，那些我曾經並肩作戰的夥伴，我們練過同樣的武功，使用同樣的兵器。

江湖如此多變，我們只能低頭向前走。失敗的時候，想想自己的業報；想要成功，耐心鋪好所有的因果。

二〇一六年春天，我到東森新聞雲報到的前夕，特別到日本奈良旅行寫生。有一天下午，在佐保川畔，看到女高校生放學，青春的面容和綻放的花朵，美麗的春天和瞬息萬變的世間。紅顏春樹今非昨。

好的開始不如好的結束

她是我多年前一手提拔的部屬，從基層一路升遷到中階主管。後來集團內有一個副總的缺，我曾經考慮過她，後來覺得她的性格和能力不足以擔任副總的職務，於是我選擇別人。

而她想往上爬，她認為我應該選擇她，最後她失望了，由愛生恨。從此她跟我漸行漸遠，之後甚至聯合其他的人，一起鬥爭我，在走廊相逢可以不打招呼，當作沒看到。

這件事在我的管理生涯中，形成一道疤痕，至今依然深刻。我不覺得她或他們做的對或不對，這無關是非，他們只是表現真實的人性而已。

人性就是如此，你對一個人好，好五次，第六次不如他的意，以前的好一筆勾銷，變成你對不起他。人性的偏執和自私就是如此。

人力車 鎌倉 王學呈 12/22 2019

從此之後，我有一個領悟，人與人之間，好的開始不如好的結束。彼此留一線，日後好相見。

在企業擔任高階主管的人大概都有類似的遭遇。剛開始請你去任職時，張燈結綵，擺攤歡迎你，之後如果發現你的氣質與他們不相容，或者認為你的表現不如預期，一夜之間把你處理掉。

生意往來也是如此，利益相符時笑臉相迎，利益衝突時拔刀相向。偏偏商場變化無窮，商圈移轉，製程更新，或者上下游結構改變，都可能讓彼此的關係逆轉錯置，沒有永遠的敵人，也沒有永遠的朋友。

我曾經有一個部屬，後來轉到企業界，慢慢升為行銷主管，變成我的客戶，我要跟她爭取預算。還好當年待她不薄，今天才有生意可做。

高明的老闆和精明的生意人珍惜開始，更重視結束。結束比開始重要，結束是另一個因果循環的開始。出來跑，總是要還的，拖愈久，代價愈高。

我在鎌倉旅行時，看到人力車伕跟兩個客戶殷殷道別，感謝她們照顧他的生意。明明只有一次生意，觀光客來來去去，二次服務的機率很低，但好好道別是一種境界，對別人和自己都是一種珍惜和尊重。因為這樣的心情，我們得以平靜愉悅地走完所有旅程。

將軍下馬　殺手封刀

我們曾在同一個集團工作，她的位階比我高。幾年前我離開那個集團，但我們還保持連繫。

有一次我在台北市東豐街吃水餃，她就坐在隔壁桌，我們轉頭看到對方有點驚喜，彼此點的都是韭菜餃子。另一次吃八方雲集水餃也巧遇。原來我們都是餃子控。

她有很強的專業，個性圓融，我一直以為她會在那個集團待到退休。沒想到去年那個集團高層人事變動，整個生態系改變，她被波及，日子很難過。後來她也離開了，我很訝異。

她曾經幫過我。三年多前我倉皇離開東森新聞雲，職涯陷入低潮，她幫我轉遞履歷表。雖然她介紹的工作沒有談成，但我依然很感激她。能夠在你失勢的時

銀杏 東京大
王孝呈 11/29

候伸出援手的人，都是值得記憶的人。正因為如此，對於她的離職，我感同身受。

原來職場和情場一樣，都沒有天長地久這件事。

高層一旦動起來就是版塊移動，象徵一個階段的開始或結束。簡單來講，就是改朝換代，或者市場淘汰。

先講改朝換代。這幾年企業的新生代接班，一朝君主一朝臣，很多老臣陸續退出核心，變成顧問；政黨輪替，或者閣揆換人，公營行庫和公營事業甚至整批換人。

更殘酷的是市場淘汰。遠程交易和電子商務興起，實體商圈和店面大量萎縮，有些店長沒工作了，只有加入Uber Eats的送餐行列；媒體走向數位化，大量的紙本和電視人才被洗出去；訊息的傳遞轉向影音和圖像，有些文字工作者這兩年連寫稿和編書的機會都變少了。

在滄海桑田的過程中，基層人員固然不易，高層更是不堪。用戲劇的語言來說，那就是「將軍下馬，殺手封刀」。

在戰場上攻城掠地，我們都是將軍；在江湖裡飛簷走壁，我們都是殺手。年歲久了，我們慢慢知道，所有事情都像季節，有開始，就有結束；季節的長度不是自己可以決定的。

兩年前的這個時候，我在日本旅行，深秋的銀杏林堆砌出滿天的黃色。黃葉從滿盈到凋零，往往就是在一週之內，接下來就是期待明年。

面對改朝換代，最好的解方就是平時多交一些外部朋友。朝廷發生變化時，內部的朋友通常自顧不暇，幫不上忙。外部朋友可以協助你逃到關外，東山再起。

至於市場淘汰，將軍本來就應該學習新武功，開拓新戰場。這樣才可以立於不敗之地。

正如同我的朋友，前幾天聽到消息，知道她去另一個平台任職。果然，好手不寂寞。明年花紅勝今年。

商周時代

二〇一六年的七月，我在商周提出辭呈，結束了長達六年多的商周歲月。

我在商周最大的收穫就是從編務轉業務，練就一身武功，從此編業兩棲。我在商周曾經同時經營商周廣告部、商周編輯顧問公司和高爾夫雜誌三個事業體，負責商周集團一大半的營收和獲利，紅極一時，當時我覺得我會在商周待很久很久。不過大紅大紫也有煙消雲散的一天，我的心得如下：

1、所謂的重要和榮耀都有階段性。可能因為你的專長剛好是那個階段的市場主流，你就被推上浪頭，發光發亮。例如公司在開疆拓土的階段，擅長展店的人就吃香；但如果市場到飽和期，開始賺管理財，長於議價或財務出身的人順勢坐上最高的位子。

台大校園 王學呈 4/21 2019

一旦階段走過，你就變得不重要了。每個人都可以被替代，看得開很重要，看不開就會難過很久。反過來說，原本不重要的人可能因緣際會，就變得重要與榮耀。這正是人生有趣之處。

2、每一階段都有成功和挫折。你可以忘記你的成功，但一定要牢記你的挫折。同樣的錯誤絕對不犯第二次。

依我個人的經驗，如果你能夠在挫折中得到教訓，學會新的技能，挫折就變成契機，讓你進入新的次元。

3、隨時都要有備案，不管你是大紅還是大黑。世間無常，不僅要有Plan B，甚至要有Plan C，保你不死之身，日後東山再起。

工作要有備案，以提案為例，想達一千萬元的預算目標，大概要準備兩千萬到三千萬的提案對象，A組客戶失敗了，馬上修案，再對B組客戶提案。

團隊也有備案，同時培養多組人馬，在市場震盪的過程中，總有人出局，也有人脫穎而出。多組競逐，就是天擇，讓市場決定最合適的人出線。如果只培養一個人或一組人馬，那可能是世代單傳，或者近親繁殖，對公司都是不利的。

4、不斷學習。我常常到台大校園閒逛，那是台北市區最大的校園，有很多古蹟，還有很多學生。校園讓我們想起人生的初心，以及學習的樂趣，那正是我們在職場存活的最大憑藉。

炮灰將領

二〇一八年，他到一個線上平台擔任執行長，帶了一群幹部過去，想盡辦法，衝出一億台幣的年度營收，但一直達不到損益平衡的目標。二〇二〇年清明節過後，董事會動手，請他離開，連同他帶去的幹部，整批走人。從頭到尾，兩年不到。

他辦完離職手續那天下午，我們約在陽明山仰德大道喝咖啡，大雨過後的陽光穿過樹梢，灑在馬路上。

我問他：「如果給你三年的時間，結果會不會不一樣？」

他說：「重點不是時間，重點是能夠讓公司損平的商模一直出不來。」

我問：「接下來呢？他們打算怎麼做？」

他回答：「董事會再找另一個執行長來試。另一個炮灰。」

印德大道 王學呈 8/9 2020

那個平台也是我熟識的平台，轉虧為盈很困難，於是不斷換執行長。至於我的朋友，離職四個多月，還在休息。炮灰的傷痛需要比較長的救贖。

二〇〇八年行動網路發達之後，零售和訊息產業面臨斷鏈危機，產值大幅萎縮。過去有炮灰業務員、砲灰職員、炮灰記者和炮灰小編，現在炮灰的層級向上提升，出現炮灰副總、炮灰總編輯，甚至有炮灰執行長。

反正企業老闆就是不斷的試，試人也試商模。老闆們也很無奈，因為燒的是他們的錢。弄到後來，就是給的錢愈來愈少，容忍的期間愈來愈短。

最近有一波高層的換人潮，如果你有機會擔任高層，可能要先思考三個問題：

1、你有多少時間？個性很急的老闆，例如東森的王令麟，通常只給六到八個月。一般的老闆通常給一年到一年六個月。

依我的經驗，從熟悉內部到向外施展作為，一直到營運出現成效，可能需要二十個月。給二十個月的時間去證明一個團隊的成敗，比較公平。所以你在聘書或合約上，最好載明任期，一年不夠，二年為宜，三年最好。

2、你有合適的商模嗎？解決問題需要創意。如果沒有創意新商模，只是蕭規曹隨，那必然效益遞減，愈做愈少，你的位子就坐不久。

3、你的團隊在哪裡？執行力很重要，團隊必須適度換血，好用的人幾乎都是挖來的，該挖就去挖，沒什麼好客氣的，戰場無師徒，賭場無父子。

如果你可以在董事會授權的期間內，塑造商模、形成團隊並達成目標，那你就是純度很高的將領。如果你做不到，時間用完那一刻，你就是原汁原味的炮灰。

造化無情。我們可能是將領，也可能是炮灰；我們曾經光彩照人，也曾經一敗塗地。唯一能做的提高勝率，讓自己成為戰場的常數，而不是市場的偶然。

可怕的Kay

我們去拜訪金融客戶，認真寫了企劃案。對方很慎重，整個行銷團隊都出席，大家見面交換名片，對方的行銷協理是位熟女，接到她的名片，我仔細看她的英文名字是「Kay」，我心裡想：「這攤完了，Kay很可怕，心口不一。」

後來果然不出所料，那次的提案，陣仗很大，但是石沉大海。我每次碰到Kay，幾乎都失敗。

我們都有兩個名字。一個是中文名字，那是我們出生的時候父母給的，或是神明的指示，有些是算命師的演算結果，那代表父母的期望，以及家族的淵源。

另一個名字是英文名字。英文名字多半是自己取得，那代表自我追求和內部性格。我覺得英文名字跟面相、手相和穿搭一樣，都是一個code（密碼）。通常我接到對方的名片，都很仔細解讀對方的英文名字。英文名字有來源、有個性，

王學呈
7/5 2020

可以順著英文名字的方向，解讀對方的性格和邏輯。

舉例來說，Sophia在希臘語中意思是「智慧」。這可能是希臘神話的聖人名字。我們碰到名叫Sophia的女生，絕對要做好準備，不然你一定會被她挑出毛病。希聖希賢的人，當然很完美。

我在東森新聞雲帶過一位年輕美麗的Sophia，做事細膩，對人生很有企圖心。她連照相都有規劃，暖色的連身長裙配上藍天白牆，怎麼拍都好看，完全是網美的規格。

Kay源自拉丁文，有個性、自立，對自己很有有信心。要說服Kay，必須有堅強的理由。

Stella來自拉丁語，容易相處，頭腦清楚，有良好的經濟判斷能力，有責任感，很適合擔任管理職。每次看到Stella的名字，就想到Stella Aunt的餅乾，那種很持家的感覺。

英文名Jennifer，來源是古英語和威爾士語，本意是純潔。到了現代，Jennifer變成外向、時尚和流行的意思。我認識的Jennifer都有點漂亮，很活潑。

我最期待Jennifer，每次碰到Jennifer，提案都會成交。

至於男生的英文名字，台灣許多男生的英文名字是Jack，原意是聰明有洞察力。其實，Jack有一點狂想的本質，想想《傑克與魔豆》那篇童話故事，爬到天堂的小男孩。只要是Jack當上總經理，通常會把底下的人逼瘋。我認識的Jack，沒有一個好搞的。

難過一天就夠了

新北市澳底漁港，優美又僻靜的漁港，不像碧砂漁港和富基漁港那麼喧嘩。我大約每一季都會來一趟，心情好的時候來，心情不好的時候也來。海的味道，風的表情。

這次來這裡是因為心情不好。新冠肺炎造成市場波動，業務成交和執行進度都受到影響。我到這裡散心，看漁船出航。

做業務和擔任管理職經常面對突發狀況，常常被殺得措手不及，例如客戶抽單或延單，更大的困難是公司經營的方向，資源的調度。二〇〇一年我在鉅亨網的時候，曾經面臨公司資金燒完的危機，自己跳出來找朋友幫公司辦增資。

心力交瘁的時候，我們需要一個託付心情的對象。我通常鼓勵四十歲以後擔任管理職的朋友，去找尋一個信仰，佛教、基督教或回教都好。職場和商場有太

明順 No.9
CT3-6191
澳底漁港 王學呈 3/1, 2020

多不可知和不可控。宗教的最大功能是讓你心情平靜，耐心解決問題。

我是一個佛教徒，每次遭逢重大挫折，當天晚上我用毛筆抄錄《心經》一次，寫完之後，把所有的不愉快打成一包，交給佛陀，請祂幫我處理，接下來的任何結果，我都接受。

真正的困難通常不是空間，而是時間，只要你熬得過時間，環境會改變，市場將轉折，風水輪流轉。而熬過時間的關鍵是心情，萬緣放下，境隨心轉。

只要你放下眼前的情緒，新的機會就會來敲門。當年我離開《蘋果財富周刊》和東森新聞雲，就是如此，放下之後，新職就來了，而且可能更適合自己，再創高峰。

在我們的人生路途，快樂可以很久，例如考上名校、談戀愛、初為人父、升官、做股票大賺一筆、買房子、讓公司轉虧為盈等等。

但難過，真的一天就夠了，悲傷不必過夜，當夜就把所有的難過結束掉，寬心迎接另一個日出。

套用股市的術語，停利可以慢慢來，逢高向上出脫；但停損必須乾淨俐落，一次出清。留得青山在，不怕沒柴燒。

失戀也好，失業也好，難過一天就夠了。接下來，去交一個新的男朋友，去找一份新工作。啟動新循環，迎接新局面。

青春問答

我待過很多公司，許多年輕的前同事喜歡找我吃飯，有時候我們約在台北市金華街，我喜歡那裡的巷弄和麵食。吃飯的時候，他們常常問一些問題，年輕人關心的問題很雷同，我整理如下，供年輕的朋友參考。

·關於愛情

愛情禁不起計算。算得太精，你就談不了戀愛。男人談戀愛就是要付出，有時候吃點虧，讓女生覺得她賺到了。

·關於婚姻

婚前睜亮雙眼，婚後睜一隻眼閉一隻眼。盯得太緊，十之八九要離婚。沒有人禁得起百分之百的盤查和檢驗。

台北市 金華街 王學呈 8/4 2019

・關於工作

1、喜歡的事開心做，不喜歡的事耐心做。做就對了，做才會進步。

2、工作的重點是成長，如果預期未來三年都不會成長或改變，你就應該換工作。工作可以重來，青春不會重來。

・關於朋友

1、好公司有壞人，壞公司也有好人。如果公司的壞人比好人多，這家公司遲早完蛋。

2、有的人只能當同事，不能做朋友。同事是一時的，朋友通常比較長久。

3、選擇朋友就是選擇命運。碰到心腸不好的人，最好保持距離。今天他會害別人，哪一天有機會，他一樣會出賣你。

・關於財富

試著用錢去賺錢。用命去賺錢，你永遠不會變成有錢人。很少人靠薪水致富，薪水只是讓你過日子和養家。賺錢是一種性格，想變成有錢人，你必須先具備有錢人的性格。

·關於退休

現代人的壽命很長，千萬不要太早退休，如果五十五歲就退休，我們可能都活到九十歲以上，那接下來的三十五年，你要幹嘛？退休之後如果沒有生活重心，退休就是退化，變老或變胖。

·關於創業

老實說，創業絕對比上班辛苦，創業可能沒有日夜，沒有假日。如果沒有吃得苦中苦的覺悟，絕對不要創業，否則到最後你一定賠錢作收，搞不好還負債。

·關於老闆

很多人想當老闆。老闆不是普通人可以當的，必須有超強的體力和意志力。我認為，只要有老闆的生活品質就好，不一定要當老闆。有些老闆是不快樂的。

畫芒果

上星期晨跑時，路上看到幾棵芒果樹結果。接下來幾天，我每天跑那條路，認真欣賞芒果成長的樣子，連樹葉和樹枝都看清楚，然後把它畫下來，作為今年初夏的印象。

台灣知名水彩畫家楊恩生擅長水果靜物，尤其善畫葡萄。他說：「畫葡萄，就得先種葡萄，這是我的處事原則。」意思是透過種葡萄的過程，耐心觀察葡萄的生長過程，掌握所有的細節之後，才能夠把葡萄畫得栩栩如生。

達文西（Leonardo da Vinci）以作畫的寫實性和影響力聞名於世。他透過解剖學的實驗過程，研究人體的骨骼、肌肉等等結構，作為素描和油畫的基礎。因為這樣的素養，他得以畫出《蒙娜麗莎》的傳世名作。

網路時代，搜尋和複製、重貼太容易，反而讓人忘記基本功。很多人的文字

芒果
王學呈
5/17 2020

能力不佳，甚至連標點符號都不會用。年輕的同仁寫一個企劃案，沒有起承轉合，完全是搜尋式的碎片堆積，這樣的案子送到客戶手上，絕對不會成交。

我常常跟社群同仁說，有空讀幾本關於演算法的書，稍微了解演算法的數學基礎，這樣才能夠掌握流量波動的邏輯和節點。

業務同仁要推虛實整合的案子，一定要有些DI（數據科學）和AI（人工智慧）的常識，這樣才能夠知道人工智慧和人類智慧的差異，以及大數據和小數據之間的互補。

年輕同仁最常犯的錯誤就是要對某客戶提案，企劃案裡的資料幾乎出自客戶的官網，我常跟他們說：「你怎麼可能用客戶官網的資訊去賺客戶的錢？你一定要寫一些客戶不知道的觀點，客戶才有可能把預算交給你。」

所謂的觀點來自於平日素養和深入研究。成交沒有捷徑，唯有深入，才有可能在長線和高階的競爭中勝出。

回頭談談芒果。芒果是我最熟悉的水果。我在高雄仁武服兵役的時候，營區遍植芒果。到了五月，芒果結實纍纍，不時掉落下來。連隊早點名和晚點名時，常有士兵被芒果砸中，砸到的人，那顆芒果是他的，掉到地上的充公。

芒果是我年少初夏的記憶，未曾褪色。

當時明月在

那應該是我人生最慘痛的一次失敗。

二〇〇七年第四季，《蘋果日報》為了增加財金廣告收入，決定推出《財富周刊》，我被派任為總編輯，火速招兵買馬，在當年的十二月出刊，隨報附贈。

做了一年，剛好碰到二〇〇八年的金融海嘯，壹傳媒集團單月出現虧損，開始裁撤周邊單位，《財富周刊》未能倖免，全軍覆沒，我也一併被資遣。對我而言，最大的痛楚不是我沒工作，而是所有的同仁都犧牲了，我對他們有所虧欠。

最痛的失敗之後，伴隨的是重生和轉型。

二〇〇九年一月，我到商周集團任職，本來是副總主筆，後來被調到業務部擔任副總經理，負責研發新商模，我一個人的年度業績目標是淨利三千萬元。從那時候開始，我發現自己很會做業務，具有塑造議題的能力，業界人脈豐厚，成

KIRIN
博多 九州 学呈
9/6 2020

交很快，業績打敗所有的業務部同仁，獎金很多，年收入遠遠超過我在《蘋果日報》的水平。

那年年終，我領到一張鉅額的獎金支票時，開始感謝《蘋果日報》對我的資遣。如果我一直待在《蘋果日報》負責編務，在過去兩年蘋果裁員瘦身的過程中，我應該已經被優退了，不會有今天編業兩棲的能力。

另一次的領悟是二〇一七年在東森新聞雲，我的職務是總編輯，因為理念和做事風格不同，我被處理掉，那當然是一種挫折。

之後我到風傳媒工作，正派經營，穩步趨堅。現在回頭想想，好像應該感謝那次的被處理，否則我可能到不了風傳媒，不會有今天的揮灑。

人近耳順之年，慢慢對成敗榮辱有比較透澈的看法。成功和失敗的真實定義，不在當下，而在三年以後，或者更長的時間之後。因為失敗可能是轉型的動力，成功埋下覆滅的種子，例如NOKIA在類比訊號手機時代的絕對市占，故步自封，換來的就是智慧手機時代的快速衰亡。

就像老子所說的：「禍兮福所倚，福兮禍所伏。」這正是所有經營者必須戒慎恐懼之處。

還有，不管好日子或壞日子，我們都要開心過日子。在所有成功和失敗的歲月裡，依然有清風明月，永遠有歡笑和淚水。

二〇一八年深秋，我到日本九州坐火車旅行，經過博多車站時，看到滿街的泛黃銀杏。那個期間，我正為風傳媒業務團隊的轉型而煩心不已，但心煩無礙美景，旅途依然美麗。那些不愉快總會過去的，如同流水般的時光。當時明月在，曾照彩雲歸。

入帖與出帖

我的書法老師鄭錦章跟我說：「學習書法有兩個過程，第一是入帖，第二是出帖。」

入帖就是臨摹某人的帖，例如歐陽詢的《九成宮醴泉銘字帖》，或王羲之的《十七帖》，必須臨到八分像，方能得其精髓。我曾經花了一年多的時間，練習米芾的行書，臨摹八次，才稍稍得其神韻。

出帖就是得其筆法之後，有所變化，創造自己的風格，青出於藍而勝於藍。

入帖唯恐不像，而出帖就怕太像，被框住，無法創造自己的風格。

入帖和出帖的過程也可以適用於職場。

年輕人初入職場，最重要的就是找一位可以模仿的人，這人可能是公司的主管，也可能是業界的前輩。把這個人當成書法的帖，細細觀察，觀察他如何成

余始與公故爲僚宦傑與
琳晦爲代雅以文藝同好甚
相得於其別也故以秘玩贈之
題以示兩姓之孫異日相值者
襄陽米黻元章記
琳晦之子道奴德奴慶奴
傑之子龜兒洞陽三雄

李太師收晉賢十四帖武帝
王戎書若篆籀謝安格在
子敬上真宜批帖尾也

余收張季明帖云秋
深不審
氣力復何如也真行相間長
史世間第一帖也其次賀八帖
餘非合書

庚子夏日 王學呈臨

功？怎麼面對失敗？默默學習他處理事情的邏輯。

好的主管是經師，更是人師。好主管就像好的字帖。我覺得年輕人畢業進入社會，應該認真臨帖並入帖，找一家正派的公司，跟一個正直勤奮的主管。自己走江湖太辛苦，可能犯很多錯，模仿一個人比較容易。

優秀的年輕人可能在三十歲之後升任主管，獨當一面，這時候應該出帖，走出自己的風格，超越前輩的思維和格局。你不可能只入帖但不出帖，因為環境會變，你不可能靠著前輩教你的那幾招走江湖。市場是多變而殘酷的。

上乘武功和企業傳承都是師徒制，一對一教學，經過多年的鍾鍊，才可能練到爐火純青。

這跟傳統技藝很像，我常常去逛台北市的大稻埕，看看那些匠心獨具的店面，裁縫店、旗袍店、餅店，每一種技藝都是師徒相承，師父口傳身授，徒弟亦步亦趨。

我最常逛的是迪化街二段的「老綿成燈籠店」。燈籠象徵吉祥和光明，做燈籠從劈竹、編織燈架、裱糊，然後彩繪、寫字，每一步都需要師父傳授，經年累月的練習，之後出帖並出師，做出自我風格的產品。

現代社會變化很快，一套武功可能不夠，要多學幾種武功，所以年輕人要多換幾個工作，跟隨幾個師父，融合南北武功，以備將來之需，甚至開山立派。大師無常師。

方向對　時間也要對才行

我和他曾經是同事，我們都是股市中人。他比我懂股票，但我賺的比他多。原因只有一個，他喜歡融資，我只買現股。融資禁不起震盪，常常在整理期被洗出去，或者只賺到短線；現股禁得起時間的壓力，比較容易賺到大的波段。

股市有一個定律，十根短線加起來，比不過一根長線。

後來我成為企業的經營者，慢慢發覺，很多事情光是方向對還不夠，時間點也必須對。就像你站在蘋果樹下，必須等到適當的時機，蘋果才會掉下來。成功，是等出來的，耐力絕對必要。

我們觀察一個企業，損益表只是表象，重點是它的資產負債表。資產負債表才是企業真實的努力過程和未來策略。好的企業贏在資產負債的配置，資產負債是因，損益是果，股價是皮相。

9/27 2020

投資股票要仔細閱讀該公司的資產負債表；我們加入一家公司擔任高階主管，更應該看清楚資產負債表，那是經營團隊性格和企業文化的展現。例如集團關係企業有很多借貸行為，一套錢搬來搬去，絕對不是好公司。

職場的競逐也有時間價值，升遷多半是等出來的。老闆挑選高階主管，剛開始手上有一份名單，多人入圍，大家都很努力；經年累月之後，有人出狀況，名字就被刪除；最後剩下一人，就等著董事會改選之後被真除。這樣的競逐過程，通常是三年到五年，路遙知馬力。

時間點真的很重要。每逢年終，我常常告誡同仁，謹言慎行，不要在打考績的時候出狀況，前面三季的努力付諸流水。考績特優的通常只有五％，優等十％，升官加薪就是這十五％的人，其餘的人只能期待來年，或者辭職另謀高就。

追女生也有時機。根據我的觀察，一年開春，大家雄心壯志，想要有一番作為，這時候追妹約妹，她可能沒空理你。等進入第三季以後，累積了足夠的職場挫折，大家都有點累了，談戀愛可能是不錯的選項，這時候約她出來吃飯聊聊，成功的機率比較高。

所以說，在每年的入秋之後，去追求三十歲以後的女生，是好的時間點，很容易手到擒來。

我永遠記得二〇一八年在日本的那個秋天，街頭的細雨與滿地紅葉，日本友人告訴我：「這樣的美麗可能只有這幾天。」果然沒錯，我搭機離境的隔天，就下雪了。我看到的，是那年最後的紅葉。

請牢記你說過的謊言

他是某公司的營運主管。二〇二〇年受到新冠肺炎的影響，上半年的銷貨業績很差，進入年終，他想把一些貨塞到下游和通路，讓第四季的數字漂亮一些。

這種美化帳面的手法，在業界很常見。例如製造業塞貨給通路；基金經理人和同業約定，在十二月互相拉抬對方手上的持股，拉高彼此的年度基金淨值。

但二〇二〇年不同。今年新冠肺炎造成的營運缺口實在太大，如果要塞貨，那可能是一筆比較大的數字。如果二〇二一年景氣還是沒有起色，塞到通路的貨將被退回，無法自然去化。這個動作有點冒險。

但他決定這樣做，因為以二〇二〇年的營運規模來看，有些部門和營業據點可能被裁併。一個裁併，就是幾十個人沒工作了。

在出貨的同時，他必須給上面一個理由。如果二〇二一年景氣復甦，數字達

菁桐鐵道
王學呈 12/20
2020

到，這個理由就是預言；如果景氣不如預期，塞貨被退回，這個理由就變成謊言。

我不贊成他這樣做。專業經理人不應該說謊，謊言比諾言更沉重。如果事情大到值得你說謊，那你說過的謊言必須牢記，碰到誰你都必須說同樣的話，到死為止都不能忘記。

職場如此，情場和家庭也是如此。男人買一個勞力士手錶，老婆問他多少錢？他報一個比較低的價格（因為不想被念），今生今世，他必須牢記那個數字，以後都不能說出另一個數字（女人的記性特別好），否則一定有後果。

一般人認為，專業經理人最重要的資產是學歷、經歷和工作實力，這話沒錯。但我在企業核心打滾二十幾年，有另一種體悟。我認為高階主管最重要的資產有兩個，一個是信任，另一個是時間。

高階主管的所有權力和資源都來自於信任。被董事會信任，被部屬信任，被客戶和市場信任。一旦你說的謊，多到一個程度，動搖別人對你的信任，你就混不下去了，必須離開。

另一個稀有資源是時間。董事會和市場對你的授權和期待有一定的時間表，通常是兩年到三年。在這段時間內，有些任務必須完成。如果時間用完了，任務只完成一小部分，那你可能必須離開。

二〇二〇年特別紛亂。我朋友的困境，還有那段時間股市盤面上有些股票漲得莫名其妙，一看就知道有些基金經理人和操盤手為了作帳，忙得手忙腳亂。

二〇二〇年的冬雨特別漫長。我到新北市菁桐坐平溪線火車，黃昏的時候特別延著鐵道步行，看著遠山和樹林，期盼著陽光，寄望二〇二一年雨過天晴。

上班是為了健康

我搭乘早上七點五十七分的自強號前往花蓮，月台上滿滿的都是人。排在我前方的是一對父子，兒子大約二十幾歲，父親看起來超過六十歲，頭髮都白了。

我聽到兒子對父親說：「你已經這麼老了，幹嘛還要上班啊？」父親回答：「你不懂啊。我這個年紀，上班是為了健康。」

這話我以前也聽前輩說過。我有一個前輩今年七十歲，還在某集團擔任常務董事，每天都去上班，很認真，手上負責幾個專案，握有做事的資源和空間。我年輕的時候跑新聞跟他結交，那時候他是集團的副總經理，之後步步高升，擔任過事業體的總經理和董事長。

有一次我忍不住問他：「七十歲還要上班喔？」他回我：「小王，人生在世，五十歲以前，工作是為了薪水；五十歲以後，工作是為了健康。像我這樣，

花蓮 七星潭
王峯呈 8/23 2020

每天打扮整齊出門，生活有所寄託，在集團外戰爭，在集團內鬥爭，有時罵人，有時被人罵，這樣老得慢。」

他的話有幾分道理。我認識一些公股銀行的董事長和總經理，改朝換代之後，沒位子了，整天待在家裡，頭髮不染了，人也胖了，很快就老了，走在路上幾乎認不出來。

但有些人就算沒有高薪高位，依然積極在非營利組織（NPO）擔任志工，做起事了還是衝勁十足。這樣的人生活有重心，每天跟人接觸，不斷學習新的事物，老得比別人慢。

那天自強號上那對父子，父親提著公事包，看起來要去花蓮出差。我的座位就在他們的後方，很安靜的一對父子，很有教養的家庭。

我到花蓮走了好幾個地方，太魯閣的山月橋、新城鄉的練習曲書店、豐年祭、七星潭的定置漁場等等。在七星潭的時候，看到很多家庭旅遊，年輕的爸媽和幼齡子女。

回程的路上，我搭太魯閣列車。前後座和鄰座是一群大嬸，已經退休的人，上車之後嘰嘰喳喳說個沒完，國台語交雜，講的都是生活的瑣事。如果退休之後會變成如此乏味，我看我還是盡可能上班吧，做到做不動為止。

有了核心價值　還要附加價值

週二傍晚六點，我陪一位業務同事去拜訪某大企業總經理，相談甚歡。語聲暫歇，那位總經理突然對我說：「學呈，你那天在LINE的貼文區貼了一張欒樹的畫作，畫得真好，我很喜歡。」

這話完全聽得懂。我馬上回他：「如果您喜歡，我可以送您那幅畫。我裱框送您？或者送您畫心（就是畫作那張紙）即可？」

他很直接說：「我們都這麼熟了，我的畫框都是手工的，你送我畫心即可。我們約個時間，我請你吃晚飯，感謝你送畫。」

我們確實很熟。我跟他認識超過三十年，剛認識時他是科長，力爭上游，現在爬到總經理的位子，真的不容易。送畫是恭喜他，也感謝他這三十多年來對我的照顧。

紀州庵 學呈 10/18 2020

我認真做好他委託給我的專案，這是我的核心價值；沒事陪他聊聊天，送他一幅畫，這是我的附加價值。

我們出來混，除了核心價值之外，還要有點附加價值。核心價值是有用，附加價值是有趣。有時候，有趣比有用更加讓人記得。

前一陣子，風傳媒官網新增一個贊助專區。為求美觀，專區的文案不用電腦字，承辦人員想用書法。他們跑來找我，請我用小楷行書寫那些文案。我寫了一個晚上，隔天交件。

專區上線之後，好幾個同事來跟我說：「那些字真漂亮。」其實那一週，我成交好幾筆大單，沒有人跟我恭喜，他們只記得我的字。

這個世界就是這樣。別人通常會忘記你的大恩大德，但是他們會記得你的小恩小惠。

在企業擔任高階主管，核心價值是把本業做好，附加價值是常常掏腰包請部屬吃飯。根據我的經驗，同事常常忘記我讓公司的業績創新高，但他們記得我曾經請他們吃國賓A CUT牛排或新都里的懷石料理。

我們讀歷史，那些宿儒名臣通常也都有核心價值和附加價值，而且附加價值的光彩絲毫不輸核心價值，例如曾文正公的家書、王安石的詩作，以及美國前總統柯林頓（Bill Clinton）的薩克斯風演奏。

前兩天，我陪一個客戶在台北市同安街的紀州庵喝茶，花木扶疏，有情侶在草坪上拍照。喝到最後，我要起身離開時，他對我說：「王社長，我在LINE看到您的一幅畫……」

不好意思，那天我刻意裝傻，沒把畫送他。原因有兩個：第一、我跟他不夠熟。第二、他下的預算不夠多。

繁華過盡

建長寺的梵鐘，日本鎌倉。這個梵鐘的歷史超過七百年，是日本的國寶。二〇一九年十一月的下午，我站在梵鐘的前面，正思量如何描繪，一群小學生熱熱鬧鬧地走到我前面，站在梵鐘前，童聲喧嘩在夕陽斜輝裡，古蹟和學童，形成很有趣的畫面。

鎌倉的歷史名著是《平家物語》，而《平家物語》的核心精神就是「諸行無常，盛者必衰」。

二〇一九年台灣媒體圈有兩件大事。一件是商周集團更換執行長，另一件是《蘋果日報》全面走向會員制和付費閱讀。

商周更換執行長之後，全力建構數位平台；而《蘋果日報》貿然走向全面付費閱讀，結果2C（來自消費者）的收入遠不如預期，2B（來自企業界）的流量

王學星 11/17 2019

廣告收入大幅衰退，後來付費閱讀的計畫失敗。

我曾經待過商周和蘋果，看到前東家發生這樣的變化，內心有無限的感慨。經營事業是困難的，最關鍵的通常不是科技，也不是市場，而是人性和團隊的慣性。改變慣性何其艱難，每個地方都有生態系，盤根錯結。

凡人的世界有對稱的特質。掌握權力多久，離開權力之後，落寞就有多久，要嘛時間的距離等長，或者心情的質量等重。一個錯誤的決策何以形成？這跟企業文化和團隊的慣性有關，不是今天，也不是昨天，所有的因在幾年之前就已種下。

從二〇〇〇年以來，台灣的媒體的數位化之路始終坎坷艱辛。維持適量的人力結構，控制成本，是存活的關鍵。我不認為海量經營能夠讓媒體損益兩平，因為Google、FB（臉書）和聯播網的曝光和數據成效已經取代過去媒體的曝光功能。

未來能夠賺錢的媒體可能是分眾的，垂直經營。此外，每個事業體應該被賦予自負盈虧的使命，可能是比較長久的經營方式；而經營者抱持平靜的心情和謙卑的態度，也是必要的，因為世事無常。

佛家的因果是等距的，也是必然的，最後就是空性。經營媒體和通路的人，可能不要把工作當工作，因為那是一條非常漫長的路途。具備空性，把工作當修行的人，比較能夠在遙遠寂寞的競逐中勝出。

世之學老子者則絀儒學儒學亦絀老子道不同不相
為謀豈謂是邪李耳無為自化清靜自正
嘉靖戊戌六月十有九日為
北山鍊師補書此傳於是余年六十有九矣
歐陽公嘗言夏月據案作書可以消暑忘
勞肰余揮汗執筆秖覺煩苦爾豈公自有
所樂也是日午後微雨稍涼但苦窓暗故首尾
濃纖不類不覺觀者之誚云

庚子深秋　王學呈跋

2 長官與部屬

我們在職場打滾，最重要的資產有兩個，
一個是信任，另一個是時間。
因為信任是一身專屬，時間一去不返，
所以我們應該珍惜手中的每一次機緣，
善念善為，樂在其中。

我臨摹文徵明的小楷作品《老子列傳》最後一段。

無法慰留的辭呈

春節之後，總會收到辭呈，今年也不例外。

她來公司三年，春節上班的隔週跟我提辭。我問她：「不是才剛成交一個年約大案嗎？幹嘛要走？要去哪裡啊？」

她說：「有一家同性質的公司找我去當總監，負責帶七、八個人，月薪比現在多一倍。」

我說：「這是升官又發財，我沒有條件留你，恭喜你！我們好好吃頓飯，把你送走，祝你順順利利。」其實我私底下有點擔心，因為她完全沒有帶過人，沒有管理經驗，這條路絕對辛苦。不過，反正年輕嘛，放手一試，沒什麼好怕的。

我擔任管理職超過二十年，通常有三種辭呈我不會慰留：

第一是進修，尤其是有專長、有學位的進修，如果同仁申請到很好的學校，

萬華龍山寺 王學呈 2/16 2020

又存到足夠的錢，那真是他的福氣，一定要好好祝福他。進修是人生總體能量的提升，未來一定有回報。

但是那種到國外打工遊學，剪羊毛、採水果，毫無專長的遊學，基本上我不支持。我看過一些從澳洲遊學回來，沒存什麼錢，英文沒學好（因為都在跟動物和植物相處），愛情飄走，回到台灣職場削官減薪的案例，比比皆是。真是浪費青春。

第二是生病。命只有一條，生病就要休息，工作可以再找。可能是網路時代工作壓力的緣故，近年來一些慢性病也發生在年輕人身上，每年都有年輕同事因為生病而請辭，這時候只能讓他們離開，祝他們早日康復。

第三種就是被挖走。通常同仁被挖走，我會問兩個問題，第一是有沒有升官？例如歷練管理職，或者培養更好的專業。第二是年收入有沒增加三成以上？如果兩者都有，祝你功成名就。

換工作的風險很高，如果沒有足夠的成長性，沒有誘人的加薪幅度，不要輕易嘗試。

春節過後，我到萬華龍山寺燒香，為家庭和公司祈福，感謝一起打拚的同仁，也祝福另有高就的同仁。相處都是緣分。對於管理者和經營者，辭呈是一種打擊，也是一種提醒。我們總是看著離職同仁的背影，心中得到一些反省和修正。

為什麼是你加薪？

風傳媒集團每年三月有一波加薪升遷。我擬訂這些加薪名單時，正是台北街頭木棉花開的時節。

她來找我，希望被排入加薪的名單裡。我問她：「請問，為什麼是你加薪？不是別人？」

她說：「因為我去年很努力，表現很好，值得加薪。」我說：「你去年的努力已經反映在去年的考績和年終獎金了。這個加薪理由不成立。」

她看著我，沒答話，但是也沒起身離開，看來她沒打算放過我。我跟她說：「加薪主要是反映未來的成長性，不是酬謝過去的努力。請你回去準備一下，我們另外約時間再談。」

我認為，成長包含兩個層面：

木棉
台北市羅斯福路 王學呈 3/8 2020

第一是加薪同仁的成長幅度優於全體同仁的平均值，例如記者跑獨家新聞和流量互動的成長幅度優於同事，或者業務人員業績的成長率高於同事。加薪人員通常是所有人數的前十％，要贏過九十％的同仁，才可能擠進加薪名單。

第二是加薪同仁的成長方向符合公司的需要。如果公司的方向是垂直分眾的精準成效，而非水平流量，能夠採訪關鍵議題和人物的記者才是公司需要的，網搜腥羶色的小編就不是加薪的對象；能夠成交年約大案的業務才是公司培養的對象，跑散單的業務就不是重點。

跟我要求加薪的這位女同事今年二十九歲，想在三十關卡之前抓住一些指標，加薪升官是具體的里程碑。

我自己也曾經二十九歲，可以體會那樣的心情。那時候我也想做一個小主管，年收入超過百萬元，找一個想結婚的戀愛對象。那是一九九一年，整體環境成長的年代，只要努力就可以獲得回報。

現在是重新分配的時代，選對分眾，站對位置是最重要的事。年輕人光是認真還不夠，認真的方向和速度必須正確，而且保持彈性，隨時配合市場的律動而調整，才可能成為公司培養的菁英。

至於加薪的幅度，六％到十％是合理的期待。如果你的胃口很大，當然可以開口要求加薪三成以上，前提是你必須具備特異功能。

如果你能為公司開疆拓土，建立新的商模，那不妨要求加薪五成以上。這個世界很公平的。

新手主管的考驗

他今年三十歲，今年春節後被挖去擔任總監，手下有二十個人，直接對老闆負責，這是他第一次擔任管理職。

老闆是五十歲左右的女性，盯得很緊，週末和假日常常LINE他，訊息來來回回就是兩、三個小時，等於假日沒辦法休息放鬆。

他找我要解套方法。週六清晨，我們約在新北市土城的桐花公園，邊走邊聊，惠風和暢，桐花似雪。

我跟他說：「碰到這種神經質的老闆，只有一個方法，就是裝忙。她假日找你，你就說在陪客戶討論專案，或者正在修改企劃案給客戶，稍晚再回她，假日不要被她拖住。」

裝忙只是技術面的做法，真正的問題是基本面。他是新手主管，老闆對他還

桐花 土城 王學呈 4/26 2020

不放心。所以我建議他每週主動跟老闆約見兩次，第一次是週一，報告當週的工作計畫；第二次是週五下午，報告當週的工作進度。有了週五下午的報告，老闆心中有譜，通常週六就不會找他，至少週六是平靜的。

他的問題不只是老闆，還有部屬。通常神經質老闆都會配上小白兔部屬，唯唯諾諾，被動保守，什麼鍋配什麼蓋。

他是空降的總監，所有的小白兔等著看他表演。我給他三個建議：

1、拿出武功，搞定幾個大案，讓部屬們心服口服。

2、善待部屬，請他們吃飯喝酒，跟他們搏感情，先對他們好。

3、挑一個最沒用的，殺掉，殺雞儆猴，順勢調整團隊的素質。

通常一個新主管必須在三到六個月內完成這三個階段。如果超過六個月還搞不定，新主管的位子就會坐不穩，因為有些老闆很沒耐心，而且市場也很殘酷，不斷產生變數。

《孫子兵法》指出，戰爭勝利的元素是「道、天、地、將、法」，最重要的是公司的資源和策略（道），以及市場環境（天地），將軍和戰術排第四和第五。好的將軍必須配上對的老闆和相稱的市場趨勢，才有可能打勝仗。

專業經理人其實是很脆弱的。我看過那種神經質老闆，有的像碎碎念的雜貨店老闆，有的像每天嗑藥的黑道大哥，不斷折損專業經理人。

看看我那位三十歲的總監朋友，每天面對神經質女老闆和小白兔部屬，這種公司的天命大概早已註定，改變的可能性很低。我期待他能做滿一年半或兩年，做出績效，完成歷練，順利拿到總監的職涯紀錄，然後找一家合適的公司，朝副總經理的目標邁進。

你的慣性就是你的命運

她又換工作了。過去四、五年來，她每份工作都只做八、九個月，中間還做過SOHO族。每次換工作的理由大概都差不多，都是別人無法配合她，做不到她要的成效。

我勸過她，如果別人跟別人合作都沒問題，但是別人跟你合作有問題，那就是你的問題了。她自視甚高，聽不進去。

我估計她現在這份新的工作大概做不到年底，接下來就要自己做老闆了。因為她的履歷表變動太頻繁，應該沒有人敢聘用她了。

另外一個案例是一個美麗的少婦。當年因為失戀賭氣，嫁給一個竹科工程師，有一個小孩。她說她不愛她老公，所以這十年來不停地外遇，結交她理想中的男朋友，一個接一個。

九重葛 王學呈 3/22 2020

我覺得她老公不是笨蛋，應該不會完全不知情。老公之所以沒有僱用徵信社去抓姦，是因為小孩還小，不希望傷害孩子的童年，所以老公睜一隻眼閉一隻眼。

但是如果她維持這樣的慣性，有一天小孩長大了，自己也人老珠黃，過了一個命運的平衡點，老公可能就會出手了。到時候她會失去婚姻、小孩和遮風蔽雨的房子。

慣性是人生最艱難的習題。有人因為太愛喝含糖飲料，所以胖；因為習慣遲到，所以升不了主管；因為習慣追高殺低，所以常常在股市賠錢。慣性是因，業報是果。

慣性也是所有組織的罩門。慣性就是企業文化，企業文化源自於老闆的性格。引進新的人才和技術並不困難，最困難的是這些人才和技術怎麼和企業文化相融。

很多老闆都有小三。英明的老闆把小三擺在外面，例如搞一個基金會，讓小三去負責；或者開精品店或花店，讓小三去經營。小三絕對不進自己的事業體，免得破壞企業文化。

蠢的老闆把小三放到事業體，把企業變成後宮，小三變成為執董或副總，小三和家臣、將軍鬥成一團，烏煙瘴氣。情慾和經營混在一起，績效當然不會好。

幸福需要好的慣性，就像花開需要亮的環境。種一株九重葛，必須有充分的日照和露水，並且適度施肥，才有豔麗的花開。把花種在陰暗之處，永遠等不到花開。

送給長官的禮物

她今年二月到某大企業上班，部門有七十人左右，主管是四十歲左右的已婚男性。該主管最近升任副總經理，她想送一份賀禮，但不知道該送什麼？於是私下找我諮詢。

我跟她說：「我覺得你不需要送禮。那是多餘的。」

她說：「可是，其他的同事可能都會送吔。」

我說：「那是沒自信的同事。你的工作績效就是送給主管的最好禮物。如果他是英明的主管，他會記得的。」

大多數的職員都想引起主管的注意，於是平常幫主管買咖啡、特殊場合送主管禮物等等，這都是B咖或C咖的做法。真正的A咖是把自己的工作做好，成為部門的第一名，讓主管發現你，想盡辦法收編你，把你變成自己人。

王學呈
6/14 2020

變成部門第一人的另一個好處是花香襲人，連別的部門主管都可能跨界來挖你，這是很過癮的事。接下來，你只要挑一個會成功、肯分享的主管，跟他一起成長。

網路時代發聲容易，眾生喧嘩。當大家都急於露臉發聲時，長官和老闆反而會去注意那種績效很好但特別安靜的同仁。

這個年代，做好本業、安靜、不去打擾長官，是最有效的自處和行銷。在老闆和長官面前，動作愈少愈好，這才是高手。

好比年輕美麗的女子獨自坐在街角的露天咖啡座，她不用搔首弄姿，只要靜靜地坐著就好，幾分鐘之內，正拍、側拍和偷拍的人一堆，還有人主動搭訕。

有一天你變成高階主管，出將入相的最重要元素是能量和雅量，不要貪小便宜，不要收部屬的禮，公正嚴明，塑造一個簡單、公平而有效率的生態系。

如果你把部門帶好，不需要自我宣傳，不需要公關，市場和同業很快傳開。

或許有一天，你辦公桌上出現一份禮物，可能是Hermès的領帶，也可能是Louis Vuitton的公事包，領帶和皮包的顏色完全是你的主色系，精心挑選過的，送禮的人是某集團的老闆。那恭喜你！有人來挖你了，而且可能是總字輩或長字輩的位子。

辭職 不要說謊

她是我以前在商周集團帶過的業務同仁，當時她是管理職。後來我們又有機會做同事，這回她是業務人員，不是管理職。

她想擔任管理職，但她的業績普通，戰功不夠，如果升她擔任業務總監，難以服眾，我會擺不平。這件事就一直擱著，我在等她的業績。

春節過後，她跟我提辭，她說某家健檢中心挖她去擔任健檢顧問，辭意甚堅，我只有順手送她走，請她吃飯，祝她一切順利。

兩週之後，我得知她不是去健檢中心，她去某網站擔任業務主管，她說謊。這種事，江湖上常發生，閉著眼睛讓它過去，就當作什麼都沒發生。

事情還沒完。一個月之後，有一個非常優秀的企劃同仁打算提辭。消息傳到我這裡，我起了疑心，懇談追問之後，發現原來是「她」回頭來挖角。說謊之

王學呈 11/2
2020

後，又來挖牆角，這種事我無法忍受。

我找了那位企劃同仁和企劃主管，我直接說：「她出多少，我就出多少，我再加一成。」那位企劃同仁本來就是公司培養的對象，我把明年要升官加薪的額度，提前在今年動用，把人才留下來。

面對挖角這種事，只要是公司要培養的人才，那就是直球對決，宣示主權，也展示國力，一次就讓對方死心，免得她來挖第二個和第三個。

沒想到我帶過的人，也有這種性格不磊落，手法不高明的。

先談辭職這件事。這個圈子很小，紙包不住火，如果因為新東家的保密條款，可以委婉跟舊東家說明，暫時不說去處，等報到之後再告知，大家都是出來混的，可以諒解。不說總比說謊好，沒有人喜歡被騙。

風傳媒有一個勤奮的業務男生，三十歲，業績很好。他今年五月提辭，問他去哪裡？他說去外商公司，簽了保密條款，暫時不能說。後來我們知道他去LINE Pay，大家替他高興，因為他一直想去跨國企業工作，美夢成真。

再談挖角。只要是人才，必定是原公司全力防禦的對象。根據我當年在《蘋果日報》的經驗，想挖別家公司的人才，至少加薪三成，或者加薪五成以上，才有可能成功。如果挖角只加薪二成多，這一定在對方主管的火力射程內，大筆一揮，馬上升官加薪，人就被留下來了。挖角除了多準備一些銀子之外，還要提供一個能夠成長的環境，才可以廣納英雄。

前一陣子，我去國家劇院看歌舞劇《十二碗菜歌》，感受台灣傳統的辦桌文化。無論看秀或聽音樂會，我最喜歡最後的謝幕，表演者和觀眾彼此鼓勵，真情交流。

歲末年終，又是換工作的旺季。辭職是另一種謝幕，真誠很重要，不要說謊。江湖路窄，大家隨時可能見面。

年終約談

網路公司很多年輕同仁，年終約談很像聊天。通常我會問他們：「這一年有沒有什麼特別記憶的事？」從最深刻的場景和印象談起，了解他們一年最有成就感和最挫折的事。

我覺得「專長」很重要。以編務同仁為例，如果你專精科技產業，並且可以找到張忠謀、蔡力行、童子賢這些人，讓他們願意跟你講話，讓你寫稿，這就是你的核心價值。核心價值不只是專業知識，更重要的是人脈。

業務同仁更現實，最重要的技能就是成交。業務人員一定要有專精管區和死忠客戶，願意拿預算給你，而你也不負所託，做出成效，讓他可以對公司交待。這就是良性循環，幫助彼此步步高陞。

簡而言之，走江湖就是要有絕招，吃定一個或兩個領域，例如金融，或者房

九重葛
王學呈 1/10 2021

產，或科技，經年累月深耕。只要你變成這個領域的第一名，那就無可替代，吃喝不完。

年終約談到最後，我通常會問兩個問題。

第一個問題，「請問，有沒有什麼是我或公司可以幫你做的？」這個問題的回答很熱鬧。有的同仁希望換管區，有人期待加薪，有人表達春節後打算報考研究所，希望我幫她寫推薦信。還有年輕男同事以半開玩笑的方式表示，聽說台北市有一家很高檔的餐廳，希望社長請客，帶大家去開開眼界。

第二個問題，「請問，你有沒有什麼話要跟我講？」

有一個年輕女同事聽到這個問題，沈默半响，然後說：「我跟男朋友分手了，我提分的，我們在一起四年多……」

聽到這樣的回答，我通常在心中默數一秒、二秒、三秒，大約五秒之後，很熟練地把會議桌上的面紙盒遞過去，然後女生開始哭，淚如雨下，一直講，一直哭。

等到她哭得差不多時，輪到我講了，我說：「確定不會幸福，就果斷分手，一切都會過去的。你在他身上付出的四年多青春，就當成前世宿債，還清了就好。」

這個時候，不太像年終約談，比較像爸爸在跟女兒說話。公司裡的年輕同事，大約跟我兒子和女兒年齡相仿。

年終約談是年度大戲，尤其是二〇二〇年這樣的大疫之年，大家可以撐到年底，真的感激莫名。二〇二〇年的年終約談，特別深刻。

完成年終約談和年度考核之後，我通常會到找一個晴朗的南部小鎮，走走路，曬曬心情，欣賞豔麗的九重葛，算是跟自己的對話。

接班人

他今年三十八歲。四年前我在東森新聞雲（簡稱T雲）擔任總編輯時，打算培養他。把一個人從主任變成總編輯，大概需要五年到八年吧？

我看上他的原因如下：一、他是優秀的網路咖。二、他聰明善良。三、他年輕。網路即時新聞台總編緝的工作很像對沖基金經理人，也像全球外匯交易員，全天戒備，全年無休，很需要體力和熱情。

後來事與願違。我在T雲只待了一年多就陣亡了，無法再帶領他，只能默默祝福他，希望他在T雲平安順利，步步高升。

沒想到今年七月，他也離開T雲。他的際遇很好，被某網路新聞台挖去當總編輯。

我們有三年多沒見面，於是約了一杯咖啡，師徒之間聊聊天，談談如煙的過

新北市 雙溪
王學呈 11/1 2020

往，以及他的未來計畫。

喝完咖啡的隔天，我到新北市雙溪出差，坐在牡丹溪畔，不時想起我在T雲帶過的那些後起之秀，還有他們這幾年的職涯變化。我有三個感觸：

1、生涯只能想像，無法完全規劃。不只部屬的前程無法規劃，我們甚至連自己的生涯都無法掌握，因為市場變化太快。

2、只要是人才，一定脫穎而出。我一心想要培養的T雲總編輯，到最後變成競媒的總編輯。重點不是我的心力，而是他自己的實力。我相信「水到而渠成」，就像牡丹溪，先有河水，才有河道。武功高強的人，必有開山立派的機會。

3、在這個多變的年代，說「盡力而為」可能太沉重，設法「樂在其中」可能是比較合適的心境，因為成敗有七成繫之於環境和時勢，不管逆境或順境都是我們真實的人生，那是無可重覆的歷程。

禪宗所謂的「活在當下」，在科學領域有另一種解釋方式。孔子說：「逝者如斯，不舍晝夜。」意謂時光不可倒流。但在物理學和天文學的領域裡，透過時空維度的折疊，時間旅行和時光倒流是可能的，但即使時光倒流，相同的機會只有一次，因為機會的嘗試和生滅，將產生蝴蝶效應，改變所有生態條件。

所以專業經理人應珍惜手中的每一次機會，因為所有的成功或失敗都將留下足跡，形成因果。

回頭想想那位我只栽培一年多的接班人，我看到他描述新職和夢想的炯炯眼神，不免憶起我三十八歲之後在職場的所有努力。誰不想有一番作為呢？誠如我們熟知的那首英文歌曲《Everybody Wants to Rule the World》。世人皆有江山夢。

好好珍惜你現在的煩惱

新冠疫情當道，客戶執行預算特別謹慎，某個專做通路的客戶多次要求修改專案。企劃同仁找我抱怨：「文案又要改了，這個客戶超煩。」

我回她：「店面生意不好，客戶一定比我們還煎熬，做業務要有同理心。好好珍惜你現在的煩惱。客戶現在願意找我們，表示我們還有價值，還有幫他解決問題的能力。哪一天客戶不煩我們，表示他去找別人了，這個案子就死了。」

商場和職場的煩惱都是助力，不是阻力。長官或老闆願意把難的工作交給你，讓你去傷腦筋，表示他看重你的能力，或是希望增加你的歷練。

長官不會找你麻煩，交一個超載的工作給你。找你麻煩就是找他自己的麻煩，因為你搞砸了，到最後還是他要出面收拾。

現在的景氣不好，很多公司都有縮減成本的壓力。如果你每天上班都很平靜

流蘇 王學呈
4/12 2020

輕鬆，準時上下班，正常休假，沒有人找你麻煩，那你反而要擔心，生於憂患而死於安樂，你可能是組織要放棄的人。

以前我在《蘋果日報》工作時，當時的執行長葉一堅教我們：「盡可能挑難的事情做，難的事情才有進入障礙，你們才會進步；簡單的事情大家都會做，很快就有一大堆競爭者。簡單的事沒有價值。」

後來我也用同樣的邏輯帶人做事。想要培養一個人，給他難的工作，就算失敗都沒關係，嘗試一次、兩次，讓他成長。

跟客戶互動，盡可能把案子做得創新別緻，因為這樣的案型可以甩掉所有的同業，確保客戶將來續購，跟我們簽下長約。

我們不是官二代，也不是富二代，我們是凡夫俗子，註定要在江湖上打滾，煩惱是我們的負擔，也是我們生存的依據。

前幾天我到台北市二二八公園散步，剛好看到盛開的流蘇，白色的花朵在風中飛舞，像白雪，流蘇因而被稱為「四月雪」。

流蘇的花語是「懷念往事」，很寫意。回頭看看，許多往事當時都以煩惱的形式登場，我們正面思考、耐心解決之後，煩惱變成良善美好的記憶。

世事是度門。禪宗認為，所有的智慧和圓滿都從煩惱開始。我們總是在逆境和順境的交替中，在嚮往未來和追憶往事的拔河裡，慢慢接近真實的自己。

你想變成什麼樣的人

有人挖他，他也想換工作，但又有點捨不得現在的舒適圈，心情兩難，於是找我聊聊。

我們約在台北市武昌街的明星咖啡館。剛好碰上台灣省城隍廟的廟會，女子北管樂團在街上演奏，吹的是《桃花過渡》這首曲子。

他說：「公司的長官都很照顧我，同事感情也很好，但我覺得再待下去，我可能不會有什麼改變和成長。如果去一個新的地方，或許可以學到新的東西，有一些成長。」

他三十幾歲，智商和情商都高，是公司栽培的中生代。他面臨的抉擇，可能是目前所有企業中生代的共同課題。

我覺得所有的中生代都必須想清楚一個問題，那就是五年或十年之後，你想

餛飩
國隆社
北管 台北市武昌街 王學呈 10/11 2019

變成什麼樣的人？

仔細看看你的老闆，以及你老闆身邊的那些高階主管，如果他們是你景仰的對象，那你就待下去，力爭上游，最後變得跟他們一樣。

你必須變得像你老闆，才有可能爬到高位；位居要津之後，你必須更像你老闆，亦步亦趨，否則，你的位子坐不久的。

正因為如此，所以你必須認清你的老闆。我覺得好的老闆包含兩個元素，第一是正派，第二是正常。

正派是時空的長久考驗。這個世界沒有壞人，只有壞的時刻。有的人在壞的時刻可以堅持；有些人不能堅持，於是游走灰色地帶，運氣好，沒事，運氣不好就出事。碰到這樣的老闆，專業經理人跟著倒楣。

而關於正常，定義很清楚。工作只是生活的一部分，工作不是生活的全部。如果這個老闆的白天和黑夜都一樣，平日和假日都要求你工作，除非年薪三千萬台幣（也就是百萬美元，像鴻海集團一樣）以上，否則沒有必要。工作只是工作，工作不是命。

如果你的老闆不正派也不正常，你不想變得跟他一樣，那就走人，分手趁年輕，老了就走不掉。

我行走江湖三十幾年，真的看過一些不正派也不正常的老闆，牛鬼蛇神，搞七捻八。對於這樣的企業，我的感想如下，「擁有能力，但欠缺品格；非常辛苦，但是不會幸福。」

五年級交棒給七年級

他在老闆身邊做事。集團老闆要他去物色下一個世代的菁英和經營團隊，長期培養。關於下個世代的領袖，老闆提出三個條件：

1、具有創新整合的能力，尤其是新科技的學習能力和應用。

2、堅忍正直的性格。

3、年齡在三十五歲到四十歲之間。

因為找人的需求，他接觸一些企業主，彼此交換訊息。他發現不少企業主跟他的老闆有相同的想法，對於下一個世代的領袖候選人，年齡都設定在三十五歲到四十歲之間。

王學星 7/19 2020

換句話說，現在當權的總經理、執行長介於五十五歲到六十歲之間，交棒的對象可能是現在三十五到四十歲的這批菁英。五年級交棒給七年級，多數的六年級生被跳過了。

我們都曾經認真帶領過六年級生。六年級生不是不認真，不是不優秀，只是台灣從一九九九年之後空轉了二十年，升職加薪的機會變少，多數六年級生當家作主的時機被錯過了。

現在全球去中國化、供需區域化，有些台資和外資回流台灣，台灣的經濟成長空間回升，但現在的產業和職場需求偏向5G（第五代行動通訊技術）、AI人工智慧等等，關於這些領域，七年級生可能比六年級生嫻熟，而且七年級生可能比六年級生更具成本優勢，工作的年限數更長。

如果以華語流行歌曲為界限，聽張宇、伍佰的當年那批年輕人被跳過了，聽周杰倫、五月天和S.H.E的那群人正要迎向浪頭。

多數六年級生的未來出路可能是副手，協助五年級生之後，接下來輔佐七年級生，類似執行副總的工作。

我們都有七年級和八年級的同事。跟五年級生和六年級生相比，我覺得七年級生和八年級生有兩種特質。

第一是中性。女生有點像男生，男生有點像女生。女生比男生直接，跟長官稱兄道弟。年輕的男生思維比女生還細膩，凡事分攤，跟女生討價還價。

第二是多變。對於政黨、信仰、婚姻和工作願景有點搖擺，時左時右，不像五年級生在威權的體制中長大，比較乖，很年輕就立定志向，承擔責任和家庭。這種搖擺性格跟網路的特性很像，以脈衝的方式尋找下一個節點，外觀就是多變多樣。

以髮型為例，五年級生不輕易改變髮型。當年的男生剃光頭，通常是因為當兵或生意失敗；女生突然剪短髮，通常是因為失戀或重大變化。

我以前帶過的兩個八年級女生，以前是長髮，最近不約而同在臉書曬她們剪短髮的照片。問她們原因，理由是「因為天氣很熱啊」。改變只需要一個簡單的緣由。

現任永遠最好

年終約談。我請他吃義大利菜，我們坐在窗邊，餐廳外牆的爆仗花已經開了。他是認真實在的同仁，我打算明年讓他升官加薪。披薩端上桌時，我問他：「你出社會十年了，有哪一段工作的成長性最高？最值得你懷念？」

他侃侃談起之前待過的某一家公司，收穫很多，那時候的景氣很好，收入一年高過一年，至今他還常常想起那段歲月。他講得很起勁，墜入回憶，整盤披薩都快吃完了，準備上提拉米蘇和咖啡，他還在講。

這個問題其實還有伏筆。接下來我會問：「那我們怎麼克服當前的困境？讓公司和自己的收入突破當年的高點。」很多人張口結舌，答不出來。

我們都經歷過那段輝煌歲月，那段「左手拿麥克風唱錢櫃KTV，右手拿筆簽委刊單，邊唱歌邊收單的日子。」現在幾乎分不清楚到底是前公司很優秀？或

爆仗花 王學呈 2/10 2019

是那段景氣實在太醇厚？

情場有一句名言：「現任永遠最好。」千萬不要跟你現在的女朋友的面前提起前女友，你會死得很慘。跟現任女友同居之前，所有前女友的照片檔案和相關物件都要銷毀，或者藏好（最好燒掉，一了百了）。職場也是如此，現在永遠最好。好好珍惜現在跟著你在一起的人。

年終約談如果主管問你：「之前待在哪一家公司的成長性最高？」我聽過的回答有三種：

1、老老實實地回憶並描述某一家公司，沉浸其中。這樣的回答很質樸，但是沒智慧。

2、回答「現在的公司最好，現在的主管最英明」，這話很動聽，但是有點矯情，很不真實。

3、回答「曾經在某一家公司有成功經驗，但希望能夠在現任的公司有所創新，再創新高。」然後提出具體想法和做法。這是有智慧的回答。但是能夠這樣正向思考的人，真的很少。

佛家有言：「萬緣今生度，不待來世。」現在永遠是最好的，因為我們活在現在，能夠努力的就是現在，享受和體驗的也是現在，那些在我們身邊的人，我們所有的努力和經過，伴隨的陽光和風雨。

與其懷念上次或期待下次，不如盡心做好這次。此時此地的我和你，永遠是最關鍵的，也是最甜美的。

互補才可以幸福長久

他接了大位，開始調整經營團隊。我看他找的人都有很高的同質性，基本上就是自戀，他的團隊跟他都很像。光看這樣的佈局，就知道未來一、兩年，他會很辛苦。

自戀團隊的專長接近，性格雷同，你會的我也會，你不會的我也不會，景氣好的時候可能沒事，但景氣不好的時候，可能出現集體決策錯誤。

第一次接大位、第一次創業和第一次談戀愛都可能走上自戀這條路，找一個跟自己很像的人，順境時轟轟烈烈，逆境時肝膽俱裂。

這幾年媒體不景氣，有一些記者從報社退下來，幾個人湊合搞一個工作室，大家的專長都是編務，沒有人做業務，也沒有人管財務，連最起碼的存貨和應收帳款都沒概念，這樣的團隊很快就潰散了，而且是不歡而散。

花嫁 京都 王學星 6/28 2020

做事業、打天下，需要的就是梁山泊那樣的組合，一〇八位英雄好漢各有專長，性格互補，不同的陣仗由最適合的人上場，局面才可能長久。

情場的自戀通常也是短命的。我大學畢業至今三十七年，有一些大學同學和社團朋友已經退休了，最近有些聚會。見面時才知道當年那些班對、系對和社團的情侶檔，一些早就離婚了，離婚的幾乎都是性格的同質性高，個性強的、愛花錢的、才高八斗的、自我中心的，年輕時談戀愛可以，婚姻生活實在太漫長，禁不起自戀的磨擦。

比較好的婚姻可能是才情共通，但需求互補。有共同的興趣和嗜好，生活有交集和話題，才可以長久相處。而需求互補絕對是關鍵，看看我那些大學同學和朋友，愛花錢的必須配上愛賺錢而且有收支概念的、個性急的配上深思熟慮的、不做菜的配上一個會做菜的，生活就是這樣點點滴滴走過來。

領導者最大的困難是包容異己。找一群跟自己很像的部屬當然很舒服，順風順水，連呼吸的頻率都很像。但是只有包容跟自己不對盤的人，才有可能補足自己的缺憾，把格局做大。

我還記得那年在京都旅行看到的花嫁，新郎和新娘對未來的憧憬。好的婚姻就是接受彼此，在漫長的歲月裡同甘共苦；好的領導就是動心忍性，跟自己討厭的人好好相處。

才能之所在　也是缺陷之所在

他是我的好朋友，建中、台大和美國長春藤名校畢業，絕頂聰明，語言直接，常在認真做事的過程中得罪人，甚至公然頂撞老闆，因此一直卡在副總經理的位階，上不去。後來集團的二代接班，一朝君主一朝臣，他就退休了。壯年退休，總是有點遺憾。

看到他的遭遇，我常常想起自己在職場的歷程。才能之所在，常常也是缺陷之所在，就像孔雀的羽毛，是美麗，也是負擔和限制。

我們常常自恃有過人之處，盡情發揮，專業能力用到極致，旁若無人，變成負數，到最後是減分，不是加分。例如這幾年有些財務出身的總經理，拚命省，省到忘我，牽制了產品部門的研發，讓公司喪失競爭優勢，最後公司和自己都受害。

海芋 竹子湖 王學呈 2020 3/29

很多事情都是一體兩面。專業是安身立命的核心，卻也是轉型升級的障礙。舉例來講，傳統媒體有很多優秀人才，紙媒和電視是他們的強項，但是他們遲遲無法進入新媒體的社群操作和精準成效的領域。過去的資產慢慢變成現在的負債，一旦時間用完，就被迫退休。

上天賦予我們才能，但也在才能的背後埋下變數和風險。「善游者溺，善騎者墮。各以其所好，反自為禍。」──《淮南子・原道》早就說出這樣的道理。人生是很弔詭的過程。有才能的人走過繁華，之後的落寞甚於凡夫俗子的寂寥。就如清朝乾隆皇帝的寵臣和珅在死前寫下「對景傷前事，懷才誤此身」的感言。

現在是陽明山竹子湖海芋盛開的季節。白色海芋，亭亭玉立，海芋必須生長在潮濕多水和冷涼的環境，所以只能在竹子湖大量種植，其他的地區不易栽種。海芋的花朵潔白碩大，莖幹修長，在插花的時候不容易和其他的花種相容。房間太小或花器太短，都裝不下海芋。海芋太特殊了，屬於孤芳自賞的花朵。

海芋很像那些有才能的人，也像清秀白皙、個性孤絕的女子。美麗的背後潛藏著脆弱和缺陷。

避開這樣的宿命需要心境的轉折。從絕頂聰明到智慧圓融，從鋒芒畢露到宅心仁厚。而這些轉變，通常需要時間和挫折的磨鍊。

學呈 4/5
2019

3 男人的心情

平凡才是最真實的。

我們年輕的時候追求卓越，
後來慢慢知道，卓越來自平凡，
就像過年熱鬧，過日子平淡，
但是必須先過日子，才可以過年。
生活的伴侶就是日常。

快樂的普通人

十月初的晚上，他去台北賓館參加國慶酒會，沒想到碰到她，她穿著華麗的洋裝。

二十多年前，大約也是十月初，他去拜訪A公司，洽談基金合作業務，接頭的窗口就是她，當時她的頭銜是企劃襄理，剛從美國留學返台。那次的洽談很愉快，之後雙方開始合作。

某一天下午，他打電話給她，約她喝咖啡，聊聊天，她當下就答應了。這算是兩人第一次約會。

第二次是他約她吃午餐，她也是馬上答應，而且準時赴約。

吃完那次午餐之後的隔天，他接到一通電話，是A公司的董事長打的，請他到公司聊聊。

台北賓館 王學呈 2/2 2020

他走進董事長的辦公室，現場沒有秘書，也沒有其他主管，只有董事長一個人。董事長請他坐下，開口說：「我女兒跟我提起你。」他傻住了，原來那位企劃襄理是董事長的女兒，他沒注意到襄理跟董事長同姓。

接下來，董事長開始了解他家裡的狀況，工作的前景，未來有什麼目標，問得很具體。這算是很詳細的面試。

面試回去之後，他想了很久，也跟自己的好友談這個狀況。接下來，他收手了，沒有再去約那位襄理，一入侯門深似海，他不想一輩子都活在岳父的眼皮子底下。

那個年代，男生主動，女生被動，男生收手，女生也沒有回頭找他，不過雙方還是維持很順暢的合作關係，男生在基金公司逐級往上爬。逢年過節，他都會收到董事長寄來的禮物。

一兩年之後，女生結婚了，嫁給一個集團的二代。他收到帖子，包了一份禮，寄過去，禮到人不到。

再過一、兩年，他也結婚了，同樣放帖子給她。她包一份厚禮，親自送到婚禮現場，然後離開，沒有入席。

回頭想想，這大概是他這輩子距離豪門最近的一次機會，他卻放手了，因為進入豪門，需要一種人格特質，他不覺得自己具備那樣的特質。更何況，當年就算他努力表現，未必能夠得到，因為這本來就是個門當戶對的社會。

台北賓館的巧遇，讓他想起年輕時的抉擇。不想成為壓抑的駙馬爺，只想做個快樂的普通人。

這三十年來，他靠著自己的努力，在江湖上薄有名聲，小有資產。普通人的幸福和快樂，經過風雨，來得比較慢，但那百分之百是自己的，不必看岳父臉色。

後妻

同學會，地點在台北市敦化南路和信義路交接口，我提早到，盛開的欒花映照橙黃夕陽，秋容如拭。

晚上六點以後，廿多位同學陸續入席。老同學，話題很直接，一見面就開玩笑問：「離婚了嗎？」「存的錢夠嗎？」「小孩孝不孝順？」氣氛很熱絡。

他是這個活動的發起人，我們政大同屆，他曾經擔任某金控集團旗下事業體的董事長兼總經理。他真的離婚，而且再婚，大家不問他的前妻，反而追問他：「後妻（這是古人的用法，指現任的妻子）如何？」當場他笑而不答。

晚宴結束，我和他，以及幾位同學留到最後收拾東西，大包小包的，叫車不方便，於是我開車送他回家。

他的前妻我也認識，金融圈我很熟。車子從敦化南路右轉基隆路，遇到紅燈

敦化南路 台北市 學呈
10/11
2020

停車，我問他：「你過得好嗎？前妻現在怎麼樣？前兩年她找我借錢。我沒借她。」他代前妻向我致歉。

此時下起小雨，我們都不知道要說什麼，車內一片靜默，只聽到雨刷來回擺動的聲音。

綠燈亮了，我左轉辛亥路，他說：「我的人生從四十歲重新開始，四十歲以前的所有努力都被前妻毀了。」

他的前妻年輕時很漂亮，喜歡操作股票，短進短出，賠多賺少，很快就負債了。他拿錢填補她的財務缺口，所有的存款和資產都倒進去，前妻操作股票的習性還是不改。後來，連他也負債了，他決定人生停損，協議離婚，永不連絡。

一般人以為，離婚是女人的創傷。其實，對於男人來說，遇人不淑也是不堪回首的傷痛。

他花了好幾年重整自己的財務，後來遇到現在的妻子。她從事會計工作，兩人因為業務往來而結緣。他說：「她就是一個平凡的小女人。」他們現在合開一家小公司，公司只有他們兩個人，老公跑業務，老婆管財務，東山再起。他們有兩個小孩，一個是前妻生的，第二個是後妻生的。

快到他家時，雨勢轉大，淅淅瀝瀝的雨聲。到他家巷口，我放他下車，他拎著大包小包，在雨中向我揮手道別。

回程我一直想著我們年輕的歲月，還有那些努力和挫敗。

停損真的很重要。我們的人生都有挫折，例如失敗的婚姻、錯誤的生意夥伴、時空錯置的決策、高買套牢的資產，還有進錯公司、跟錯老闆。面對挫折，斷然停損可能是最有效的解方。停損永不嫌晚，留得青山在，不怕沒柴燒。

平凡才是最真實的。我們年輕的時候追求卓越，後來慢慢知道，卓越來自平凡，就像過年熱鬧，過日子平淡，但是必須先過日子，才可以過年。生活的伴侶必須甘於平淡，就像我同學的後妻。

我們追求正妹，經常忘記美女也必須具備平實性格。那種想要天天過年的美麗女子，絕對是我們這種普通男人的天大災難。

她愛你多於你愛她

週六下午，我在新北市老梅海岸，打算速寫一幅黃昏。沒想到他也在那附近閒晃。我們隨便聊聊，從旅行聊到他的生活和感情。

他是優秀的業務經理，今年三十一歲，有一個女朋友，現在三十三歲。女生很想嫁他，百般暗示，他不知道該如何回應。

我問他：「你不喜歡她？」

他說：「喜歡啊。但還沒有喜歡到想娶她回家。」

我追問：「所以是她愛你多於你愛她？」

他說：「應該是。」

我說：「這樣不是很好嗎？她愛你多於你愛她，這是最好的幸福配方。這樣你才會輕鬆。愛得輕鬆，才是真幸福；愛得太辛苦，到最後可能一場空。」

我通常建議年輕朋友，用兩個觀念去丈量愛情和幸福之間的差距：

1、愛情憑感覺，幸福靠細節。找一個人談戀愛，憑感覺。在社交的場合裡，環視人群，目光停在哪一個女生身上，那就是她了，就像男生買領帶、女生買裙子，第一眼就是第一選，絕對不做第二選。

但兩個人要長久生活在一起，幸福是細節的累積，柴米油鹽醬醋茶，搞不定細節，就會出現裂痕。最小的事，例如誰去倒垃圾？夏夜何時開冷氣、關冷氣？都可以成為吵架的理由。

如果你們可以搞定細節，那就可以長久住在一起，或者結婚。如果只有感覺，顧不到細節，那定期約會就好，千萬不要住在一起，否則你們可能提早結束。

2、愛情要精采，婚姻要和靄。精采的戀情，可能是你愛她多於她愛你，對多數男生而言，難度高一點才有樂趣；但和靄平靜的婚姻，最好是她愛你多於你愛她。

所以，挑一個愛你多一點的女生，一起看電視的時候，她願意把遙控器交給你，讓你決定看哪一個頻道；你旺季加班很忙的時候，她可以自己搭捷運回家，不必勞煩你開車或騎車去接她回家；她願意跟你一起存錢，繳頭期款買房子，而不是自己把錢花光光，然後逼著你去賺錢、存錢買房子。

找一個她愛你多於你愛她的對象，並不是讓你去占她的便宜，而是希望彼此平等對待、共同承擔。畢竟生活是一條十分漫長的路。

男人的皮鞋

我的皮鞋壞了，趁著百貨公司週年慶，我買了新皮鞋。

前一雙鞋是義大利Marelli的牌子，很好穿，穿了十年。這十年的意義重大，幾乎就是我從編務轉業務的歷程。

對於別的男人而言，十年代表什麼？可能是一個老婆的任期，也可能是兩到三個工作的過程。

我覺得男人買東西應該把握一個原則，那就是「買好用久」，買好一點的牌子和品質，然後用久一點。好鞋、好車如果用十年去攤提，絕對划算。

工作的累積也是如此。一份工作如果只做兩年以內，那不是工作，那叫「路過」。就好像我待在《今週刊》和東森新聞雲的時間都不到兩年，沒做什麼大事，那叫「路過」。

王學呈
11/8 2020

我現在面試新人，對方履歷表兩年以內的工作經驗，通常我給予很低的權數，因為歷練沒有完成，或者可能出了什麼事。那種兩年換三份工作的人，穩定性不夠，我通常不會錄用。

一個職場高手的培養，最少三年，通常要五年以上。至於音樂、書法和繪畫等技藝的培養，通常以十年為單位，十年成為專家，二十年以上才可以成師授徒。

十年穿一雙鞋，十年練一套武功。在網路競速的年代，恆心和慢活反而容易走出區隔。

從另一個角度來看，男人的質感，鞋子是很重要的指標。時尚圈有一句話是「男人看鞋，女人看包」。

穿西裝不難，但皮鞋和襪子常常被忽略。皮鞋要上油擦亮。皮鞋的關鍵是鞋跟，因為走路是腳跟先著地，鞋跟的磨損特別嚴重，鞋跟通常一年要換一次。如果不換，鞋跟就會磨平磨圓，從後面看，很不雅觀。

男人面試中高階主管的工作，儀容從頭髮開始，到皮鞋才結束。很多大老闆面試中高階主管，彼此都坐著，看不清鞋子。面試結束時，大老闆通常會送對方去搭電梯，順便看看對方的鞋子，尤其是對方進電梯之後，轉身之前的那一、兩秒之間，鞋跟完全看得清清楚楚。鞋跟不平整的人，面試通常會減分。

高階主管跟在老闆身邊做事，除了做大事之外，還要處理很多細節，尤其是人和錢的細節，必須兼具細心和耐心。如果連自己的鞋子都穿不好，很多小事會出紕漏的。

一般人以為鞋子被長褲蓋住，看不清楚。錯了，多數人忽略的地方，反而是重點。

七分溫柔　三分引誘

他今年三十一歲，想成家。他跟一個漂亮的女文青約會，約了將近半年，幾乎每個星期都見面，但是一直沒進度，連手都沒牽過。女文青特別喜歡逛台北市衡陽路、迪化街這些老城區。

他問我：「怎麼會這樣？沒進度。」

我回他：「撩妹就跟撩客戶一樣，需要一些手段。女生是七分姿色，三分打扮；男生呢？七分溫柔，三分引誘。牽手需要一個場景。」

他說：「場景？我們過馬路，我想牽她，她走得超快，根本牽不到。請社長指點。」

我說：「馬路當然不行，馬路那麼寬，女生可以自由移動，跟你保持安全距離。戲院最好，約她去看電影，挑大一點的廳，西門國賓的巨幕廳最好，幾十排

陽光夏
In Natural Coffee
50嵐
凱帝理
台北市衡陽路 王學呈 6/30 2019

的位子，買後面一點的座位，故意在開演之後再進場，裡面烏漆墨黑，走上階梯的時候，為了避免女生跌倒，牽手就是天經地義了。記住，牽手就好，不要趁機亂摸。」

他說：「原來西門國賓這麼好用。可是，如果進了戲院，她還是不讓我牽呢？」

我說：「如果她中意你，就會讓你牽。如果約會超過二十次，進了戲院她還是不讓你牽，這表示她根本沒打算把你當成男朋友，那你應該停損，不要再約她。」

追妹和追客戶一樣，都必須設節點。節點的功能就是檢查成功率，如果花了三個月以上的時間，發現成功率低於三成，通常我建議業務同仁停損，把時間和精神花在成功率六成以上的客戶身上。

年輕的男生都犯同樣的錯誤，看到漂亮的女生就想追。漂亮固然是重點，但最大的關鍵是對方對你有沒有興趣？你身上有沒有對方需要的東西？如果有，精誠所至，金石為開。如果沒有，約會吃飯可以，但女生就是不會跟你定下來。

我通常建議同仁，你要先確定客戶的需求，如果我們手上的資源可以滿足客戶的需求，客戶對我們的興趣就存在，只要我們的報價不高於同業，這個案子就會成交。

漂亮的女生都很聰明，約她的男生就是在追她。跟一個男生約會超過二十次，卻連手都不讓他牽，很可能這個男生不是她的菜。

這時候進戲院，試圖牽手就是一個檢測，可以逼出一個結果，讓男生發現事實，面對現實。三十一歲的男人，不打沒把握的戰爭。

四十五歲熟女打敗二十五歲美女

他今年六十歲，單身，長年投資房地產和股票，小有資產。我們認識很久，每年春節前，我都會寫春聯送他，他帶著手沖咖啡到辦公室找我，用咖啡換春聯，我們喝咖啡聊天，交換房地產和股市看法。

我也關心他的感情狀態。他告訴我，他原本有兩個女朋友，一個四十五歲，另一個二十五歲。最近甩掉一個，留一個。

我問他：「你甩掉那個四十五歲的，留下那個年輕的？」

他說：「不是，我放掉那個美眉，留下熟女。」

我追問：「熟女比較漂亮？」

他說：「沒有，美眉比較漂亮。熟女也算清秀，但有點胖胖的，就是中年嘛。」

爵
祿
美
靚
滿
財

這很離奇，我笑著說：「所以是四十五歲的熟女打敗二十五歲的美女？為什麼？」

他回我：「年輕的妹機車啊！非常自我。熟女比較能夠配合我，我老了，要找一個以後願意照顧我的人。」

我說：「哇~你的話好有智慧，激勵很多熟女。功德無量。」

多數男生不管年紀多大，都喜歡二十幾歲的女生，青春真的迷人。正因為如此，很多中老年的男人都栽在二十幾歲的妹手上，有的是乾妹，有的是乾女兒，弄到最後，人財兩失，傷痕累累。

我這個朋友年輕時就帥，又會賺錢，女朋友沒有斷過，一個比一個漂亮，但都是過眼雲煙，到了六十歲還是單身。現在他醒悟了，找一個可以一起生活的女人。

熟女與美眉的競爭，重點不是年齡，而是態度。年輕美眉涉世未深，以自我為中心；熟女有同理心，自己和對方平起平坐，一起過日子。

青春非常短暫，善良的性情和堅忍的性格才是我們安身立命的基礎。我在鉅亭網和《蘋果日報》帶過的年輕人，現在都已經四十幾歲了；我在東森新聞雲帶的小仙女和小鮮肉，一眨眼，已經逼近三十歲，不再有二十歲出頭的眼神，臉上和身上的線條也不一樣了。

這一、兩年我在面試新人時，一個職缺有三、四個候選人，我看的不是年齡或性別，而是同理心，我寧可多花一些薪水，聘請有同理心、經驗豐富，能夠同甘共苦的人。

青春不可靠，只有認真才可靠。

仙女的渡船

他今年三十九歲，從十七歲開始交女朋友，大概交了一打（十二個）的女朋友，每一個女朋友都漂亮。他是時尚品牌主管，入鏡的女生不是美女，就是玉女，或者是仙女，不漂亮的女生根本入不了他的眼睛。

他想結婚，卻一直單身，每一個女朋友都在他身邊停留一陣子之後離開，有的嫁人，有的另外交男朋友。

我和他在台北國賓大飯店吃川菜。我跟他說：「我覺得你很像仙女的渡船吔，美麗的女子上了你的船，在你的船上療傷、休養，然後到岸離開。」此刻我想起宜蘭烏石港的載客遊艇。

他說：「我也不想這樣啊！搞不懂為什麼同樣的結果一直發生。」

我說：「因為你找的對象不對啊，那些貌若天仙的女子從小被禮遇，個性像

12/4 2016 6/6 2020

公主。這個世界只有兩種人可以娶公主回家，一種是國王，另一種是王子。像我們這種普通人，供養不起公主。公主會跟我們談戀愛，但不會嫁給我們。」

水煮魚、耙碗豆燴時蔬和汗蒸回鍋肉上桌，他專心夾菜，沒說話。

我接著說：「你花了二十二年的時間，度了十二個美麗女子，功德和福德俱足，可以度自己了，設法找個合適的對象上岸。」

他問：「那你覺得什麼樣的女子適合我？」

我問他：「不漂亮不行嗎？」

他說：「不漂亮，我無法原諒自己。」

我說：「那資深一點的，可以吧？大約三十五、三十六歲，那種經過人生，受過傷的，比較願意放下身段，跟你一起真實生活。你接下來應該跟這樣的對象約會，比較容易修成正果。」

最後我們吃了杏仁豆腐、杏汁木瓜和豆沙鍋餅，結束這頓晚餐。

我們活在世界上，匹配很重要。在情場和婚姻，這叫做「門當戶對」；在職場，這叫做「才祿相配」。

我們都可以開口要一份高薪和高階的頭銜，但如果你的才德不配，這份薪水領不久的，通常三個月之內就會被發現，然後捲舖蓋走人。

反過來說，我們找一個人來做事，如果他前一份工作的年薪是八十萬元，我們必須給他八十五萬元或九十萬元以上，他才有可能長久待下來。如果趁著景氣不佳，或他的運勢不好，我們把他的年薪壓到七十萬元，他因為別無選擇，先來報到，等到他的運勢好轉，有更好的機會，他就會飛走。這樣的過程是彼此浪費時間。

人跟人相處，先衡量自己，接下來公平對待，不要有非分之想。不要做仙女的奔月渡船，不要在職場踩梯高攀。

切花易逝　短髮難追

他是金融新貴，心儀一位短髮俏麗的年輕女子，不知如何告白。

今年五月那位女子到新公司報到，擔任管理職。他想送花去祝賀，他問她：「你喜歡切花？還是盆花？盆花放比較久喔，例如黃色跳舞蘭，可以看一個月。」

女生回答：「切花吧，放三天就好，我不太會照顧花。」

「放三天就好」？光憑這句話，就知道他從未入圍，追不到這位短髮美女。不過這位女子也沒有讓他斷念，跟他保持朋友關係，有困難時開口請他幫忙，有點像是工具人。

如果這位女子對他有興趣，應該會選擇盆栽的跳舞蘭，每天看，看一個月，時時想起。

王學呈 6/20 2020

相對於長髮女子，短髮女子具有三個特質：

1、人數相當稀少。我的髮型設計師鍾建茂說：「每五十個女生之中，大約只有一個人剪短髮，百分比只有二％。」

2、頭小臉小：女生剪短髮必須頭小、臉小、下巴尖，剪起來才好看。頭大臉圓的女生剪短髮，看起來很像櫻桃小丸子的真人版。

3、個性獨立自主：短髮很不好整理。能夠留短髮的女生多半很能打理自己，可以自己過得很好。

傳統對於女生的定義是長髮、化妝品和高跟腳。剪短髮、穿平底鞋的女生通常有別於傳統，比較有主見，乾淨俐落。這樣的女生不好追，用傳統的方法追不到。

根據我的觀察，能夠追到短髮美女的男生，大致有兩種：

第一種是武功很高，罩得住，滿足短髮女生的人生期待和成長需求。

第二種是非常溫順，百般配合，十足的草食男，成就女強男弱的局面。這年頭的姊弟戀不少，有一些就是短髮姊姊配長髮小鮮肉。

如果是介於前兩者中間的普通男，追求短髮美女的失敗率很高。我那位朋友送給短髮美女的切花賀卡，特別找我用小楷提字，我寫了「人如美玉　志若長虹」八個字。用心良苦，結果還是一場空。

其實不只女生，男生如果要剪短髮，五官必須立體，氣質要好，否則看起來像剛出獄的黑道大哥。短髮和白襯衫都很挑人。短髮深似海。

慣犯

他今年三十九歲，在金融業工作，經過朋友介紹，認識一個二十八歲的美麗女子，小學老師，很文靜。他熱烈追求，每個星期見面，約會超過三十次，但那位女子始終沒有變成他的女朋友，一直都是「友達以上，戀人未滿」。他很迷惑，開口問我。

我們約在台北市中山北路的鐵板燒餐廳。週五中午，生意很好，高朋滿座，都是金融業的從業人員，用餐環境和品質很好。

我問他：「約會超過三十次，一直沒追成。為什麼你可以一直堅持，沒有放棄？」

他說：「因為她說我有進步。剛開始追時，她說我是她感情的十三分之一，後來變成八分之一，現在是六分之一。」

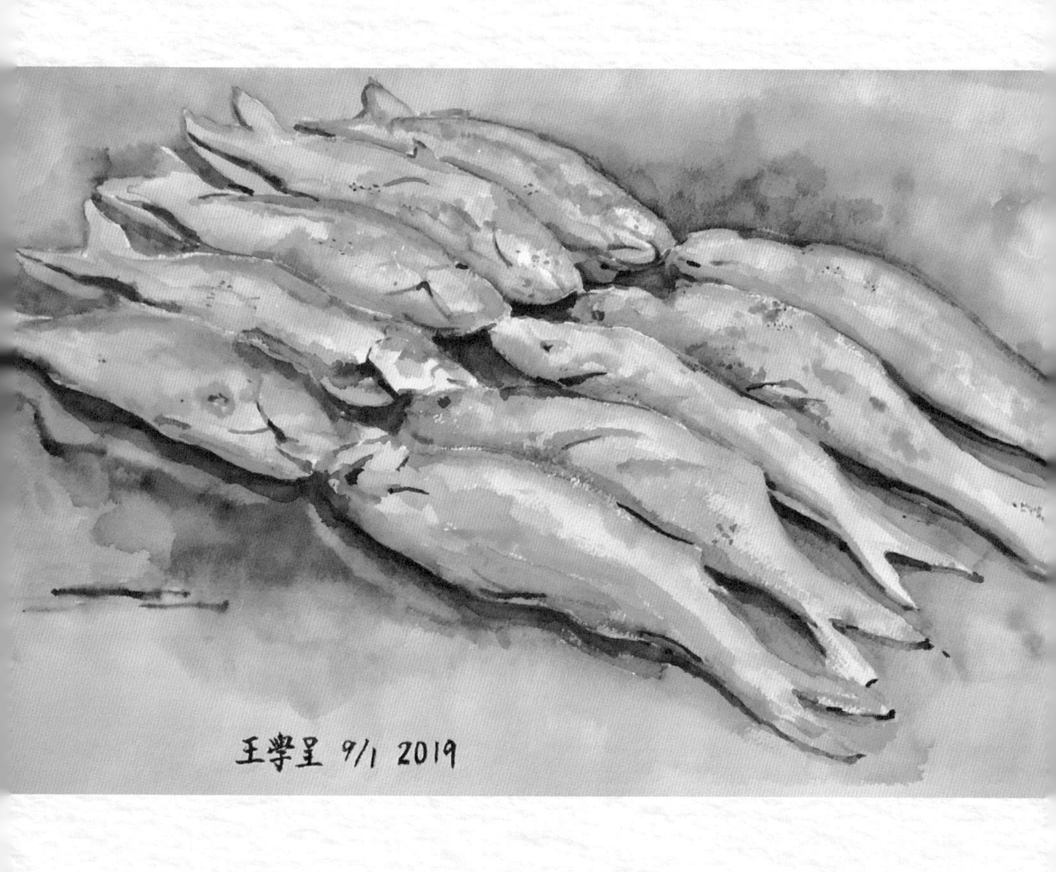
王學呈 9/1 2019

我說：「你現在是六分之一，這表示你還有五個對手。這種鬼話你也信？」

他說：「老實說，有時相信，有時也會懷疑。但又不想半途而廢。」

能夠把話說成這樣的美麗女子，就是慣犯，是情場老手，玩男人、玩感情玩很久了，就像鐵板燒的廚師，同時煎好幾條魚，翻來覆去，隨心所欲。小學老師也有久經江湖的，這女生很誇張，跟這男生約會，幾乎都約在熱門的網紅餐廳，甚至有閨密同行，吃飯的時候不斷自拍貼文，但是就是不讓男生入鏡同框，她根本在消費他。

我跟他說：「停損吧，再耗下去，只是浪費時間和金錢，很傷心的。」

他說：「我也曾經放手，但女生會回頭約我，我們又見面，就這樣一直拖著。」

他的眼神很迷惘。我相信，耗到第四十次或第五十次，他終究會收手的。這就是債，上輩子欠她的。

至於那位慣犯，青春非常短暫，美麗不會長久。女人消費男人，表面上燒掉的是男人的錢，其實真正燒掉的是自己的青春。十年的歲月，能夠吃多少高檔牛排？拿多少名牌包？那些不能變現，不會累積。

種下的業，總有一天要還的。我看過一些名媛和名花，晚境淒涼，留下滿屋子的名牌，後來拿去二手店變現，還是入不敷出。這是人世的因果。

房東的叮嚀

房東在台北市中正區有一戶房子要出租。C先生表示要承租，房東問C先生：「您本人要承租嗎？一個人住嗎？」C先生回答：「是我本人要承租，大部分時間是一個人住。」

「大部分時間是一個人住。」這句話聽起來別有意味。

看房的前一天晚上，C先生告知房東：「明天有一位女性友人跟我一起看房。」

隔天中午，C先生帶一位清秀白皙、紮著馬尾辮的L小姐出現。看房的過程，都是L小姐在發問，例如浴室的梳化燈光不夠亮、陽台的曬衣架怎麼操作等等。

看完房子，房東問L小姐：「是您一個人要住，是嗎？」L小姐點點頭。

王學星 7/12 2020

後來L小姐去化妝室。房東問C先生：「您幫她找房，您在追她？」C先生笑而不答。

房東接著問：「追多久了？」C先生答：「十個多月。」

房東問：「追十個月還追不到，問題出在哪裡？」C先生答不出來。

房東叮嚀：「三十歲以前的男生追不到女生，可能是長相不夠；三十歲以後的男生追不到女生，可能是荷包不厚。您是哪一種？」

C先生說：「那我就只能好好努力了。」

L小姐從化妝室出來，正是吃午飯的時間，房東請他們兩人吃韓國菜，順便談一下租金。

進餐廳剛坐下來，C先生從公事包裡拿出一罐自製辣椒醬和一袋手工奶茶包，雙手奉送給房東，禮數很足，L小姐順勢表達，希望房東照顧年輕人，房租給一點優惠。

房東看他們儀容端莊，談吐得體，很爽快把房租按照區域行情打了八五折，雙方很快就簽約了。

外出工作的年輕人租房，如果是跟房東直接洽商，這種洽商，很像是另一種面試。房客勘查房子、面試房東，房東也在面試房客。

很多房東是長輩，像房客的父執輩，跟房東面談，儀容端莊，適度送一點見面禮，再順勢要求降租，房租可能可以打九折，甚至八五折，一年省下來，可能就是一個月的年終獎金。

房東也應該認知，房價上漲和房租收得到，相當程度是全民努力的經濟成果。找到好的房客，可以好好幫你照顧房子，所以房租應該打折回饋。這樣的福德才會長久。

至於C先生和L小姐的故事，可能很漫長。清秀白皙、懂音樂又有才藝的女子，本來就很難追。男人挑上這樣的女子，自己要覺悟。

阿勒勍 屏東
王學呈 5/3 2010

4 女人的愛情

情場和職場一樣，都沒有天長地久這件事。

不管好日子或壞日子，我們都要開心過日子。

在所有成功和失敗的歲月裡，

依然有清風明月，永遠有歡笑和淚水。

房租與青春

她是我的前部屬，很漂亮的輕熟女，喜歡拿麥克風上鏡頭。她交了一個男朋友，交了一年多，剛開始交往時，兩個人一起去美國東岸旅行，回台灣之後住在一起，男生的房子。現在她發覺這個男生不適合她，是媽寶，花每一筆錢都要媽媽同意，她不想活在婆婆的陰影下，打算分手。她問我的建議。

我跟她說：「如果確定不能幸福，就斷然分手，收拾東西，搬離那個房子，永遠不要再連絡。」

她說：「分手是確定的，但住在那裡，可以省一筆房租，那個房子的地點不錯，在台大附近，上班很近，坐捷運只要兩站。如果自己付房租，每個月的錢可能就不夠用了。」

我說：「那你就省一點啊，不要買那麼多衣服和保養品，要量入為出。你怎

木棉 羅斯福路 王學呈 3/24 2019

麼可能跟一個男生分手，又住在他的屋簷下，那不是不清不楚嗎？」

她沒說話。

我再補一句：「請問，房租與青春，哪一個比較珍貴？再耗下去，你很快就三十五歲了。錢再賺就有，租房子租遠一點沒關係，多花一點時間通勤。女生沒有多少青春可以耗。」

遲疑了一陣子。後來，她終究搬離那個男生的住所，但是又拖了半年。這種事情，拖愈久，對女生愈不利。

時下這樣的女生很多，很漂亮，但是沒智慧。他們沒想過，在消費男人的同時，燒掉的是自己的青春歲月，划不來的。女人的青春像台大校園的花季，非常短暫。

類似的案例，我看過很多，我們在短線利益和長線幸福之間徘徊掙扎。例如很多年輕人明明知道公司不再成長，沒有前途，但遲遲不敢離職，只因為「已經習慣這裡了」，或「主管待人好好喔」，就這樣一直耗下去，三年、五年，甚至七年加不了薪，升不了官。等到想出走時，已經過了四十歲，外面已經沒機會了。

現代的人，非常聰明，但缺乏智慧；精於計算，但沒有勝算。每次跟別人討論感情和職場的問題之後，我常常問自己，面對短線和長線的拔河時，應該如何抉擇。聰明的頭腦，但糊塗的心，是我們最大的業障。

劈腿的專業

週六下午，我把車停在士林紙廠旁邊的空地。我以前當記者的時候，曾經跑過士林紙廠的新聞，特別喜歡這個紅磚廠房。

我往文林路的方向走，看到L小姐跟一個男生手牽手散步。她也看到我，我們點頭微笑，沒有交談，我不想打擾她。L小姐是我以前在東森新聞雲的同事，長得漂亮，很有異性緣。

我找一家咖啡店坐下，寫一份企劃案，不知不覺寫到天黑，決定去吃晚飯。我走到士林捷運站附近，又看到L小姐坐在火鍋店裡，跟另一個男生吃火鍋。這小姐同一天在同一個區域，跟兩個男生約會。這是很不專業的劈腿，完全沒有防火牆的觀念，遲早要出事的。

戀愛最好不要劈腿。如果要劈腿，必須有三個原則：

士林紙廠 王學呈 2/9 2020

第一是管區。我以前跟過一個老闆，在台北市有四個情婦，他跟四個情婦約會，地區完全不同，一個在東區，一個在南區，一個在西區，一個在北區，涇渭分明，絕對不會碰在一起。

業務有管區，記者有路線，這樣才不會發生衝突。劈腿也要有管區，同一天跟不同的人約會，一定要劃分安全的區域。

第二是時區。前一個約會對象跟後一個約會對象，至少要相隔一個小時。如果時間排得太近，萬一前一個Delay，後一個提前到現場，如果是在同一個區域，就可能人贓俱獲，當場死翹翹。

第三是站區。現在的年經人坐捷運約會，在捷運站相互等候，前一個約會和後一個約見地點至少要相距兩個捷運站。

我帶過一個男生部屬，同時交兩個女朋友，有一天先跟A女約會，在行天宮站把A女送走，中間隔一個小時，接下來跟B女約會，也在行天宮站。

沒想到A女沒有離開，在附近逛藥妝店，逛了一個多小時，從藥妝店出來就看那個男生跟B女走在一起，逮個正著，接下來很難收拾。

如果這個男生在行天宮站把A女送走，跟B女約在忠孝新生站，可能就不會出事。因為這兩站相距超過一千公尺，女生逛街散步，通常不會走這麼長的距離。

結過婚的男人

我陪客戶去台南喬事情。我們搭乘上午七點三十一分的高鐵。客戶的代表是一位女經理，輕熟女。這是年約客戶，所以我們有點熟。

過了新竹，她開口問我：「社長，請問，您覺得結過婚的男人怎麼樣？」

我回她：「結過婚的男人？意思是，那種結婚，然後離婚，現在單身的男人，是嗎？」

她說：「嗯，對。」

我直接問她：「有這種男人在追求你，是嗎？」

她說：「我現在有兩個約會對象，都是四十歲左右，一個結過婚，另一個一直單身，想聽您的意見。」

依照她說話的關鍵字排序，我猜她應該比較喜歡那個結過婚的。

王學呈 4月3日2016年 1/24

站在業務的角度，結過的婚的男人可能比一直單身的男人好，因為曾經成交過，有市場接受度，比較通俗。到了四十歲還一直單身的男人，可能個性不適合婚姻，或者根本不想要婚姻。

更何況，有些人離婚是被迫的，例如被外遇，或者家庭財務問題。所以離婚不應該變成兩性市場的減分項目，應該被當成中性的人生經歷。

不過年輕女子跟結過婚的男人交往，必須考慮兩件事。第一是健康，老男人可能有體力和慢性病的隱憂，必須先盤清楚。

第二是財務，離婚男人可能因為付了贍養費和子女教育費，變得一窮二白，甚至負債。負債的男人不能碰，因為賺錢很難，還債更難。

離婚是人生挫折。經過挫折的男人，有些特別溫柔，格外務實，懂得人情冷暖，這是優點。

職場也是如此。通常我面試新人或挑選幹部，會找那種曾經成功，也經歷失敗的人，因為面對挫折、處理失敗是很重要的經歷和能力。一帆風順的人不能擔任中高階主管，因為他可能因為挫折而一蹶不振，拖累整個團隊。

最理想的幹部人選是那種成功七次、失敗三次的人，有穩定的勝率，也有足夠的堅忍。這樣的人容易在長線的競賽中脫穎而出，就算失敗，也能夠東山再起。

那天在台南，我抽空轉到林鳳營車站看看。一直很喜歡這種日式的木造車站，廡殿頂構造，站內的長條木椅，站外扶疏雅致的黃椰子樹，讓人想起美好的童年。

前夫

她的前夫前兩年迷上磯釣，每逢假日就到海邊釣魚。最常去東北角，甚至跑到宜蘭，一釣就是一天，有時下午出門，釣到天亮才回家。前夫開的車是BMW X5，車上都是魚腥味。

為了車上的魚腥味和徹夜不歸，兩個人吵架，去年簽字離婚。釣魚只是導火線，真正的遠因是兩個人個性都強，魔羯女和天蠍男的對抗。

她是文青美女，前夫是會賺錢的生意人。她現在的男朋友是百般配合的普通上班族，生活樸實。她不免拿現在的男朋友的缺點和前夫的優點比，心情像大海的浪花，始終定不下來。

這叫做「前夫情結」，我們都有前夫情結。《蘋果日報》的同事常常跟我回憶二〇〇六年的盛況；有些《商業周刊》的同事還在懷念二〇〇八年的年收入；

東北角 王學呈 5/24 2020

在宏達電工作的朋友動不動就說「當年我們公司的股價在一千元以上」。還有國民黨的同志遙想公元二〇〇〇年之前的政黨優勢。

人生最怕被過去困住，經營事業最忌諱走不出前朝思維。現在經營媒體事業必須克服兩個天險，一個是自有流量（不是臉書導流過來的），另一個是付費閱讀，在這兩個基礎之上，才可以享有較高的廣告價格和轉換率，進而產生稅後純益。

流量經濟是前夫。《蘋果日報》發現流量經濟不可為，二〇一九年貿然轉為全面會員制，導致現金流的缺口。現在市場上還有不少即時新聞平台緊抱流量經濟。《蘋果日報》固然走得辛苦，但那些固守前夫的新聞平台，何年何月可以產生盈餘？這是媒體產業的共同難題。

職場也是如此。我們因為情勢改變而換工作，但心情還停格在前一份工作，或前兩份工作，怨天尤人，心情如果無法落地，眼前的工作不可能做好；有些年輕的朋友走不出情傷或婚變，一直快樂不起來，無法產生新的戀情。

人的記憶有選擇性，濾掉不好的，只留下好的，於是過去好像變得比現在美好，就像那位文青美女，坐在現任男朋友的二手國產車上，有時不免想起前夫的BMW，忘記車上的魚腥味和前夫的自私性格。

關於前夫和昨日，我最感動的是導演楚原說的金玉良言：「任何人無論昨日多風光、多失意，明日天亮的時候，一樣要起床，一樣要像一個人繼續生活下去。明天總比昨天好，這就是人生！」

人被騙沒關係　錢平安就好

她是新竹市政府的公務員，前夫是竹科工程師，離婚的時候給她一筆贍養費，兩個小孩都跟爸爸。她一個人住在老公給她的電梯華廈，生活還算寬裕。

中年失婚，日子很長，總有寂寞的時候，於是她透過交友網站交了一個男朋友，年紀比她小，很體貼。她也很投入，為了這場愛情，她特別去整型。

交往半年之後，男生說要創業，開口跟她借三百萬元。對她而言，三百萬不是小數目，但她又怕不借，可能失去這個愛情，畢竟五十幾歲了，要找一個合得來的伴不容易。她很猶豫。

她是我政大的學妹，剛好我以前跑電子股新聞時，跟她老公往來，彼此還算有點交情。

她打電話問我：「如果男生願意出借據，這個錢可不可以借？」

香茶行
31
新竹市 王學呈
10/4 2020

我說：「借據沒用，擔保品才有用，例如房地產或上市公司股票，債權有保障才可以借。」

她又問：「如果有保證人呢？」

我說：「你確定保證人有錢嗎？如果有，請保證人出具擔保。」

我直覺這個男生是個騙子，專門找中年失婚或單身的師奶下手。果然，這個男生沒有擔保品，連創業要做什麼生意都說不清楚。後來女生不拿錢出來，他就跑了，搬離她的房子，不知所終。

我的朋友很傷心，她動真情了。剛好我最近到新竹市採訪，於是我們約了一杯咖啡聊聊。

我跟她說：「人被騙沒關係，錢平安就好。」

她說：「你這人怎麼這樣，完全沒感情，鐵石心腸。」

我說：「你知道這年頭錢有多難賺，你是公務員，一年假設存三十萬元，三百萬要存十年吔。」

我接著說；「這種case我看多了，如果妳借三百萬給他，就是肉包子打狗，有去無回，到最後妳人財兩失。」

以前的人說：「錢被騙沒關係，人平安就好。」但那是小錢，例如出外旅行被坑、搭車碰到金光黨等等，被騙個幾千元或幾萬元。但網路上真的有一些渣男，先跟師奶談半年的戀愛，然後就開口借兩、三百萬元。

我的朋友可能傷心幾個月，我知道幾個月之後她會恢復，日子一樣可以平靜度過。人被騙沒關係，錢平安就好。錢很好用。

跟她告別之後，我一個人在新竹市的舊城區散步，經過中央路的百年街屋，很動人的紅磚建築。這種紅磚建築都有嚴格的對稱和比例，好看但是不好畫。這幅畫，我畫了十二個小時。

寂寞高跟鞋

我送鞋去換鞋跟。修鞋師傅跟我說：「這種牛津鞋已經很少人穿了。一個星期修不到一雙。」他接著說：「高跟鞋更慘，一個月修不到一雙。」

我反問他：「現在的女生不穿高跟鞋喔？」

他說：「不穿啊，尤其是那種細跟的，現在只有特種行業才會穿。」

特種行業？意思是酒店、舞廳和理容院？這句話很有畫面，我和師傅都笑出來了。

這一、二十年來，好像很少看到女生穿高跟鞋了，尤其是那種細根的。就算是最重視儀容的金融業，也很少聽到高跟鞋的聲音。大概只有穿晚禮服的場合，才會看到女生穿高跟鞋。

我問師傅：「像我這種綁鞋帶的皮鞋，現在是什麼樣的人在穿？」

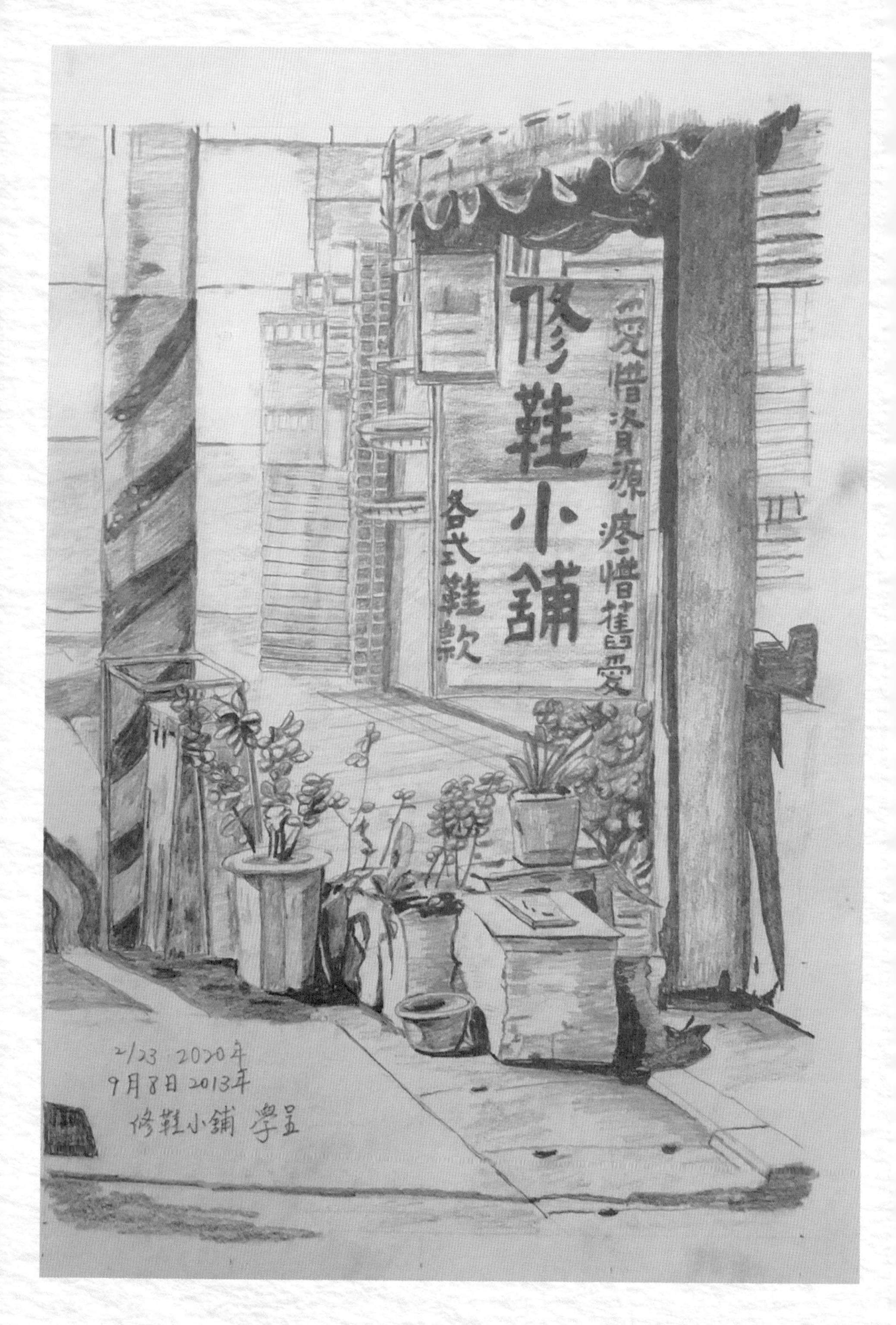
修鞋小鋪
愛惜資源 疼惜舊愛
各式鞋款
2/23 2020年
9月8日 2013年
修鞋小鋪

他說：「仲介啊，送這種鞋來修的，都是仲介業的。」

寂寞高跟鞋，老派牛津鞋，現在變成特種行業和仲介業的象徵。我記得我讀國語實小的時候（一九六八～一九七四年），學校的女老師都穿旗袍，搭配高跟鞋，非常典雅的身影。

後來旗袍不見了，但我退伍出社會的時候（一九八六年），高跟鞋還很普遍。到了二〇〇〇年之後，高跟鞋消失了。

現在的年輕男女幾乎都穿便鞋和球鞋，一穿就走，穿壞就丟，不用修，搞得修鞋師傅和修傘師傅的生意愈來愈差。就像網路時代，複製重貼和網搜實在太方便，手作、手寫、手繪和原創的價值降低。

可是優秀的年輕人總會往上爬，有一天位居要津，總不能穿著球鞋進董事會報告，也不能穿便鞋出席晉升或慶功酒會。衣櫃裡總要準備晚禮服和深色西裝，鞋櫃還是要有高跟鞋和牛津鞋。人生總有重要的日子。

最近招募新人，每星期都有好幾次面試。面試完我總會送應徵者到電梯口，故意走在後面，打量應徵者的穿著。「食在茶酒，穿看鞋襪」，鞋襪是品味的深層，也是性格的深處。

穿包鞋的女生，我通常加分，因為她懂得彼此尊重。穿皮鞋綁鞋帶的男生，通常我也會加分，因為這樣的男生通常比較有耐心。

請你把身分證拿出來

他今年四十歲，房地產公司的副總經理。今年台灣房產熱絡，尤其是中南部的物件，因為總價低，成交快，推案非常順暢。

由於推案的需要，他幾乎每個星期都跑高雄，認識一位三十五歲的專案小姐，短髮清秀，兩個人開始約會。女生開著Honda的休旅車，帶著男副總去左營、美濃、旗山等地遊玩，性格灑脫，很有行動力，典型的南部女生。

第二次約會，地點在高雄八五大樓，吃飯看夕陽，有一道菜是明蝦。女生家裡有漁船，從小喜歡吃魚蝦。吃完明蝦，女生去化妝室補妝。

補妝回到座位，女生很從容的從錢包裡拿出自己的身分證，翻到背面，遞給男副總，跟他說：「我的配偶欄是空白的，我單身。」男副總被這個動作嚇到，不知道如何回應。

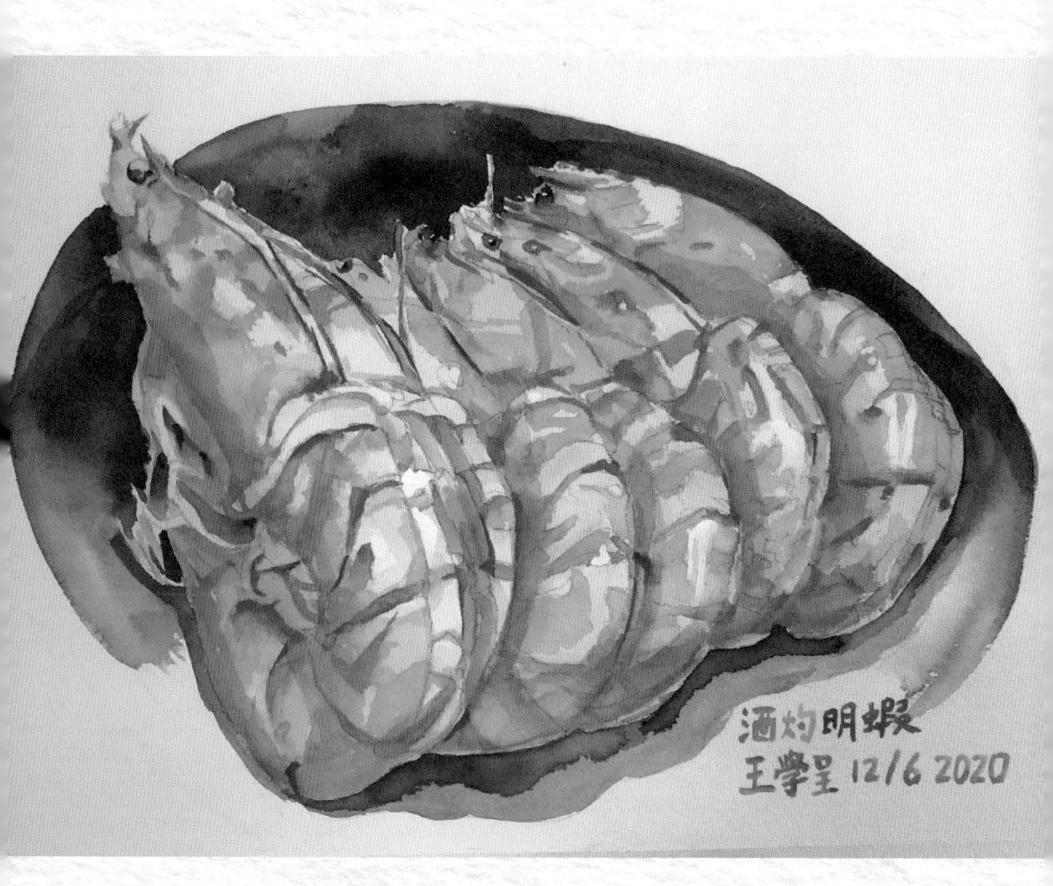
酒灼明蝦
王學呈 12/6 2020

女生接著說：「請你把身分證拿出來，我想看後面的配偶欄，確定你單身。」

男副總到高雄出差都是兩、三天，要住旅館，身分證不可能不帶在身上。他乖乖的掏出身分證，讓女生查驗。還好他的配偶欄也是空白，他年輕的時候很挑，混到四十歲還沒有成家。

驗過身分證，彼此都單身，這段愛情故事就可以往下走。南部的女生果然直捷了當，敢愛敢恨，怪不得負心的韓國瑜會在高雄市被高票罷免。

驗身分證並非百化之百有效，因為不是每個人都會去戶政事務所登記，但這不失為簡單有效的方式。用突擊的手法要求看身分證，既查證件，又測謊，光看對方當下的反應，也可以略知一二，掌握大方向。

網路時代，大家自由交友，彼此都來路不明，不像古代有媒人代為徵信；也不像上個世紀，親友介紹男女朋友，有人背書。

所以我建議單身男女交友，如果打算認真投入，藉機驗身分證真的可以考慮。尤其這個年代大家都晚婚，三十歲的女生去交往三十五歲或四十歲的熟男，最好確定一下對方是否真的單身？免得莫名其妙變成第三者。

熟男追求輕熟女，最好也驗明正身，免得被仙人跳。現代人善於保養，醫美又發達，很多已婚的女生打扮起來，好像妙齡單身。尤其那些薄有資產的熟男，中了仙人跳，一跳就是台幣幾百萬元，甚至上千萬，代價非常高。

女人的祕密　男人的道義

我跟好友年終聚餐，我們約在台北市羅斯福路的江浙餐廳，外面下著雨，撐傘的行人來來去去，典型的台北冬天。這頓飯都在談他這兩年的生活和感情。談了之後，有一些感觸。分享如下：

1、男人和女人談戀愛，要有個承擔和決定，不要拖對方太久。如果到最後不能在一起，那至少拿一點錢出來給對方，讓她去旅行或遊學，去散散心。給錢很俗氣，但這是男人最起碼的誠意，感謝她的青春。至於應該給多少？完全看個人的能力。

2、戀情結束之後，男人要幫女人保守祕密，包括她的現在和過往、優點和缺點，保持沉默，隻字不提。幫前女友守住所有祕密，是一個男人最基本的江湖

台北市羅斯福路 王學呈 5/12 2019

道義。

3、如果有一天她碰到困難，開口請你幫忙，你盡可能出力，例如幫她搞定一份合約，幫她介紹朋友，或者幫她關說一張加護病房的床位。

站在女人的立場，戀愛真的不要談太久，一年可以，兩年也可以，三年真的太長，屆滿三年的戀愛，就應有個決斷，要嘛結婚，要嘛自己過快樂自在的生活。

男人在情場的壽命比較長，女人一生沒有幾個三年的青春。青春是女人最大的資產，也是莫大的風險。當青春遠去，你不再美麗，不再有趣，男人就會離去。

這世界有天長地久的事業，也有天長地久的恩仇，但絕對沒有天長地久的愛情。

反過來說，女人應該好好照顧自己。我有兩個大學同班女同學，很厲害，五十九歲還光彩照人，走在路上還可以吸引男人目光。五十九歲可以這樣，可以想見他們二十歲時有多亮麗，一堆男生追。

他們兩人，有一人離婚很久了，另一位婚姻存續中。由此可見，有沒有婚姻，跟漂不漂亮沒關係。沒有婚姻，只要有伴，一樣可以漂亮到老。

我覺得漂亮到老有四個元素：

1、健康。健康是所有幸福的基礎。

2、快樂。快樂才會漂亮。不快樂，做再多醫美手術都沒用。真正的快樂，看眼神，看嘴角。

3、要有舞台。舞台讓心神有所寄託，而且可以轉移煩惱。

4、要有點錢，適度消費，享受人生。花錢很有存在感。

奇貨可居的男人

她三十歲出頭，剛離婚，心情很差，跑來找我聊天。我們曾經是同事，合作過幾個專案，有點交情，我請她吃飯，約在台北市內湖的餐廳。

漂亮女生幾乎都有遲到的習慣。我早有心理準備，拿出素描鉛筆和畫本，畫陽剛的軍用卡車，一邊畫一邊等。

接近中午一點她才出現，穿著俐落的黑色皮夾克和牛仔褲。我們從她離婚的原因開始談起，過程很平靜，這女生很殺，能放能收。過往成灰，未來才是重點。我問她：「你還年輕，接下來，應該還會再找一個對象吧？」

她說：「那當然。」

我問：「還會結婚嗎？」

她說：「那要看對象。」

30017

這話有意思。我問她：「你想找什麼樣的對象？」

她說：「如果以年齡來定義，我打算找四十歲左右或六十歲的男人。」

我說：「請問，為什麼是四十歲？不是三十五歲或五十歲？」

她回：「四十歲剛剛好，有經濟成果和人生歷練，體力也還可以，我們可以生小孩，把小孩養大。三十五歲的男生還不穩，我的前夫就是三十五歲。五十歲，太老了。」

我問：「那六十歲不是更老？你幹嘛要六十歲的男人？」

她笑著說：「那不一樣。六十幾歲男人的優點就是夠老，有更多資產，但是身體不太好，我只要陪他去醫院，叮嚀他定時吃藥就好，他根本不會來折騰我。可能再過十來年，他就走了，我有很多遺產，CP值（成本效益比）超高。六十幾歲的男人，奇貨可居。」

奇貨可居？果然是文學院畢業的行銷企劃，可以說出這個成語。現在很多年輕人不會用成語。

如果用股票和財務的語言來說，四十歲男人是殖利率股，損益表漂亮，現金股息多，定期配息；六十幾歲的男人是資產股，只要壽終正寢，就有很高的資產重估和資產處分收益。真正的高手，都是收購資產股。

那位美麗的前同事，現在單身了，海闊天空。我期待她找一個四十歲，殷實可靠的男人。至於六十幾歲的男人，真的不要吧？我覺得那不是奇貨可居，那簡直是謀財害命。

桐
菁桐老街 王學呈 5/19 2019

5 富慧人生

想要富裕又有智慧，必須做三件事：

第一、行善積德，這樣才有好的磁場。

第二、讀書寫字，這樣才有智慧。

第三、勤勉正直，天道酬勤，這樣才有正向循環。

主菜哲學

我到台北市潮州街吃日本料理，坐在吧台，先點一道生魚片，這是主菜，接下來點一份豆皮壽司，再點一份蛤蜊湯，再配上玉子燒。這樣的點餐很幸福。如果隔壁剛好坐一個正妹，賞心悅目，這就是完美的晚餐。

吃飯的「主菜哲學」是賀鳴珩（中華民國證券商業同業公會理事長）教我的。有一次我和他吃飯，他說：「吃飯要先點主菜，有了主菜再點配菜，主菜決定配菜，這樣吃飯才有邏輯。」

舉例來說，如果主菜是牛排或龍蝦，紅肉和海鮮的口感不一樣，接下來的配菜和湯品絕對不同，飲料和點心的口味也有不同的配法。

有些年輕人進了餐廳，點餐先看飲料，或者先決定甜點，這都是本末倒置。連吃飯、穿衣都分不清楚重點，做起事來可能也是拖三落四，經常有閃失。

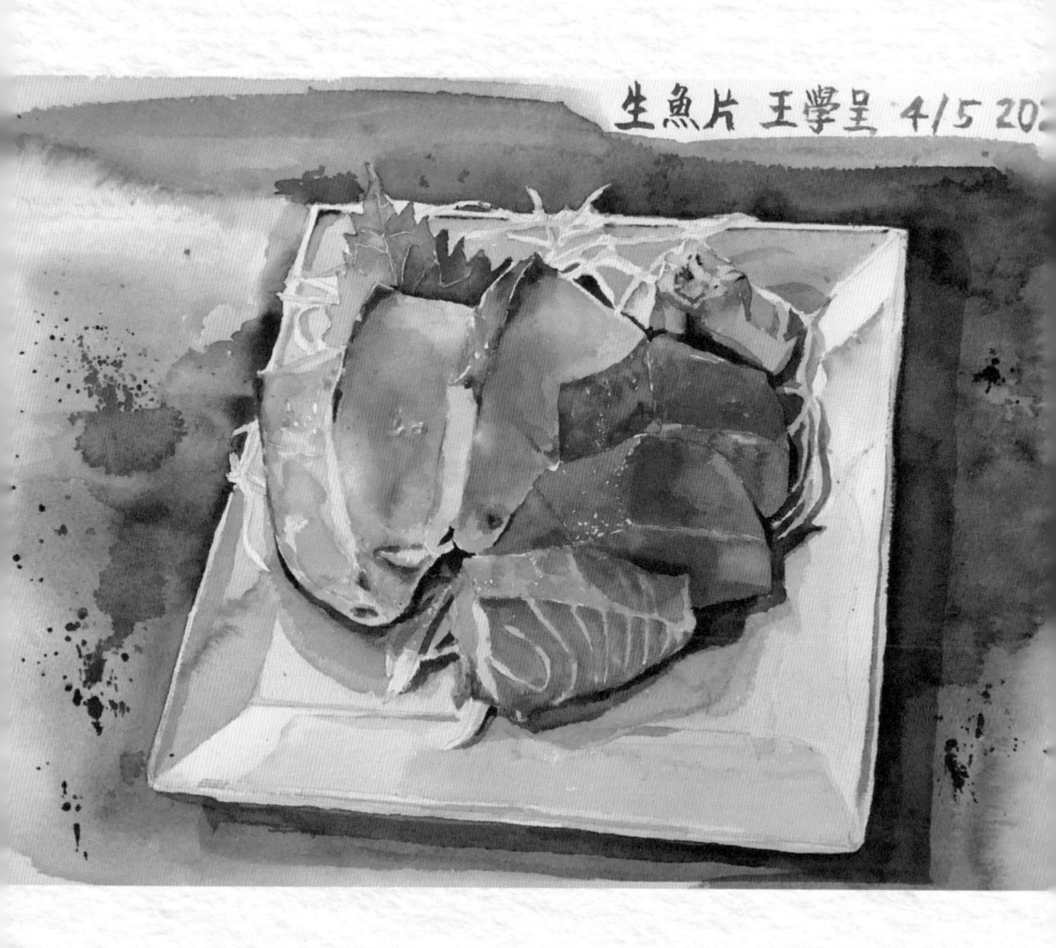
生魚片 王學呈 4/5 20

以前有一位同事，吃飯常常先點附餐，主菜猶豫不決，頭腦不是很清楚。有一次帶他去提案，客戶的總座和副總都入座了，他打開簡報的PPT，報告到最後一頁的報價單，天啊！竟然是舊的檔案，規劃是新的，但是報價是舊的，足足少了四十萬元，我們只好硬著頭皮接案。

我以前的老闆黎智英教我，做事要有focus（焦點），一次只有一個焦點，把焦點做到最極致，那就是勝負的關鍵。

舉例來說，報社的總編輯就是把每天的頭版頭條做好；雜誌總編輯把封面故事做好，其餘的事交給副總編輯或各版主編去負責。

如果總編輯試圖去盯每一頁的稿子，備多而力分，到最後連封面故事都做不好。

公司的總經理顧好前二十名的客戶，前二十名客戶大約占公司六十％以上的營收，其餘的事交給副總經理和協理、經理去做。

人生每隔三、四年就會進入不同的階段，每個階段都有不一樣的主菜。例如三十歲以前存錢，三十歲以後理財，用錢去賺錢。

或者三十歲以前談戀愛，三十歲以後找對象結婚；三十歲以前多嘗試幾份工作，三十歲以後找到自己的天命，全力以赴。

這種優先順序的做事原則，就從吃飯點餐開始練習吧。

不要山盟海誓　只要平實做事

二十年前我在鉅亨網工作，那是台灣ICP（網路內容供應商）的1.0版。那時我們氣吞萬里，以為自己可以塑造一個新的媒體典範。沒想到事隔一年半，錢就燒完了，開始裁員減薪，好像世界末日。創業之初的誓言，禁不起市場的考驗，變成空言。

同期間的《明日報》結束了，不過鉅亨網卻出人意料的活到今天，品牌和平台存在，只是股東和員工換了好幾批。

後來我悟出一個道理：你只要能在一個領域裡排名第一，有足夠的本夢比，永遠有人會拿錢出來投資你。《明日報》結束，因為它不是第一；鉅亨網存活，因為鉅亨網是網路財經的第一品牌。

同理可以引伸到個人，你只要能夠在一條新聞路線、一個業務管區或一個產

江之島 海濱 王學呈 1/19 2020

業裡混到第一名，沒有人超越你，那就永遠有人找你做事，不怕沒有舞台。

話說回來，因為你是業界第一名而取得機會，帶領團隊。經營企業不需要太多山盟海誓，這年頭市場變化太快，老闆們和高階主管跟所有人一樣，都在浪濤裡載浮載沉，諾言有時只是比較有誠意的謊言。

企業的成功需要一個配方，貼近市場主旋律，讓公司成為這個產業的第一名。而配方的徹底執行，要的不是山盟海誓，而是平實做事，把每一天和每一個細節都執行徹底的覺悟。

以佛家和老莊的智慧，這是一種「忘」的境界，忘言而無智，專注於當下的清淨心。

去年秋天我在日本鎌倉旅行，登上長谷寺的觀景台，眺望遠山和江之島海濱，身旁有好幾對異國年輕情侶，英語的山盟（I was born to love you），日語的海誓（永遠にあなたを愛しています），愛你一生一世，真是鬼話連篇。年輕的時候有情，年長之後有義，有情有義才可能長久生活在一起。

滾滾紅塵，承諾偶一為之，用以提振士氣，但解決問題、開創新局的真正核心是承擔。大德無聲，大愛無言。快速變動的年代，更需要低調堅忍的精神。

歲月驚心

二〇一九年十一月上旬，我坐在日本鎌倉大佛附近的街旁喝咖啡。那是風和日麗的上午，對面有一家冰淇淋店，一群小學生買了冰淇淋，興高采烈地吃著。到現在我還記得這個愉悅的畫面。一個冰淇淋可以快樂一整個上午。

回到台灣之後，就投入選戰和年節的業務旺季，從早忙到晚，假日也應接不暇，心情是緊張的。但我知道，過了這個大選，進入春節後的淡季，我會懷念業務旺季的緊張和忙碌。

邁入五十九歲，耳順之年就在眼前，我慢慢知道，歲月如此驚心，好日子和壞日子總是過了才知道。

以前年輕的時候做股票，股票漲的時候不知道要逢高逐步向上出脫，總是期待更高的價格，希望完全賣在最高點。直到股市反轉，向下跌破月線或頸線時，

南投民和國小 王學呈 5/26 2019

才知道頭部已經完成，高點早就過去了。股價的高點，永遠過了才知道，適度分批向上出脫，落袋為安才是王道。

在職場和商場的晦暗時刻，孤獨無依，當時覺得是世界末日。可是事情總是一個週末之後就出現轉機，例如本來以為沒機會的案子成交了，很膠著的活動圓滿結束，甚至帶來下一筆訂單。

好日子總有終點，壞日子也有盡頭。在好日子和壞日子永遠不斷交替，我們能夠做的，就是珍惜現在，努力當下。對將來，多一些想像。為過去的努力，留一點想念。

二〇一九年五月，我到南投縣出差，中途到水里鄉民和國小採訪。日月光集團出資為民和國小教室換裝LED日光燈。這是一個超級小學，全校學生只有三十人，有六成是布農族。偏鄉物資缺乏，學校沒有預算換裝LED日光燈，因而需要企業贊助。

物資匱乏的小朋友反而純真，深邃的眼眸，靦腆的笑容，讓我想起年輕時的純真和無畏。我念大學時是登山隊，寒暑假常常進出高山部落，攻玉山群峰和八通關，就是從水里入山。我對水里有一份特殊的感情。那天的採訪是回憶之旅，也是心靈之旅。內心廻盪，特別畫下一群小朋友的笑容，記錄那個美好的出差。

小日子成就大日子

二〇一九年十一月，我從東京坐火車到鎌倉旅行。鎌倉的市區不大，從北鎌倉車站走到鶴崗八幡宮，再走到長谷寺，一個多小時的路程。中間有一段，我走在江之島鐵道旁的小路，秋陽映照著山巒和白木屋，光影移動，雲朵飛揚。

火車旅行中，最長的是鐵道。鐵道繞過高山，跨越流水，行經每一個大街小巷，那些經過的風景和人群。車站和景點都只是一個點，鐵道是一條長長的線。平凡的鐵道，才是旅行的底韻。

人生的路途也是如此。事業的成功和失敗也都是一個點，平常而誠懇的日子才是一條線。小日子成就大日子。日常的因，形成終局的果。菩薩畏因，眾生畏果。

我們常常專注於一個點，忽略了過程的平靜和美好。例如很多年輕戀人刻意

P
500円
TANKA
工之島鐵道
王學呈 12/1 2019

營造華麗的婚禮，但華麗的婚禮不等於幸福的婚姻。婚紗拍得美美的又如何？蜜月旅行去歐洲又如何？紅包多收一點比較實在。寧可辦一個平實但有盈餘的婚禮，不要辦一個虧損累累的婚禮。婚禮只是起點，婚姻是漫長的路程，柴米油鹽醬醋茶。

在職場，升官當天，很多人送花。但開心可能只有一天，花謝得很快，之後的一年、兩年才是考驗的開始。你必須一點一滴做出績效，才能證明你的價值。如果做得不好，就下台。

生活中平凡的日出和日落，就像鐵道的延伸和起落。我們在生活的歷練和職場的沉浮之中，學會珍惜過程，懂得品讀日常。鐵道有風景，當然也有風沙，這才是旅行的本質。

旅行和生活一樣，行到深處，都是一種寂寞相看的心情。生活和工作的真義，就是耐得住寂寞，默默向前走。

我喜歡鎌倉。鎌倉是多變多貌的城市，像極了人生。鎌倉幕府是日本第一個武士政權，武家輪迴、惡因難結善果的思想起源，並催生「平家物語」和日本禪宗。

鎌倉有一個二百多年的古寺，圓覺寺。圓覺寺有一個山門，山門又名「三門」，空、無相、無願的意思。走過山門，就可以切斷娑婆世界的所有煩惱。平靜的小日子，成就我們的人生。

台積電跌破年線的時候

我和某集團老闆喝咖啡。他問我：「我打算收購某某公司，你覺得如何？」

我說：「這家公司的體質不錯，不過它的產品線和貴集團不太相容，買進來之後可能要磨合一、兩年，才可能產生綜效。」

我提醒他：「現在新冠肺炎的疫情嚴重，要不要先等一下，下半年再談。」

他回我：「可是，也只有現在這個時候才有好價錢，不是嗎？」

果然是老闆，好東西只有在壞的時機才有好價錢。

二〇二〇年三月中旬，台股跌破十年線，台積電跌破年線，人心惶惶，我出手買了一些台積電，當做長期部位。每股二百六十元以下的台積電，只有股災才會有，不買可惜。過去二十年，台積電只要跌破年線，都是長線買點，屢試不爽。

18
高雄 旗津 王學呈 4/19 2020

投資股票其實不難。選定績優股，跟多數人反向就對了。大家搶買的時候，你逢高分批賣出。因為市場總買進之後，股價勢必作頭反轉。

股市連番重挫，大家急著賣股票，恐慌之中籌碼慢慢沉澱，你慢慢向下承接，可以買在相對低點，接下來耐心等待另一次激情賣點。

公司找人也是如此。景氣低迷，有些好的業務人才出現在就業市場，人選不少，一切好談。景氣不好，適合招兵買馬，整軍經武。

投資股票和經營事業一樣，不需要太多方法，只需要一種性格。

前一陣子我到高雄出差，順道坐渡輪到旗津吹風看海。下船之後，榕樹下一排三輪車夫在等客人，閒得發慌。我挑了一輛遊街，服務好的不得了，騎車的歐吉桑介紹景點非常詳細，CP值（成本效益比）很高，遊程結束時看到他充滿感謝的眼神，既感動又心疼。

追妹也要看時機。趁她潦倒落寞，這時候特別脆弱，例如失業的正妹，特別好約，也比較容易接近。

所謂的好時機或壞時機，都是相對的。我在大學一年級的時候選修經濟學，當時的老師陳聽安說：「景氣並非絕對，景氣好的時候有人賠錢，景氣差的時候有人賺錢。完全看經營。」

正因為人生須臾變幻，我們更應該抱持樂觀善良的心。我讀《維摩詰經》時，特別喜歡「是身如幻，從顛倒起」這八個字。我們常常在最壞的時機，找到最好的契機；在最得意的時候，種下最深遠的怨仇。

花見

「花見」就是日文的賞花。台灣是多彩的國度。日照充足，雨水豐沛，溫度適中，幾乎每個月都有不同的花開和花語。生在台灣是幸福的。

這些年來，我畫了很多花，每一個季節都畫，有時是鉛筆素描，多數是水彩。在作畫的過程中，感受花開的有常和無常。

春花秋月是有常，只要季節到了，就可以看到陽明山的櫻花、羅斯福路的木棉、土城的油桐花，以及新竹縣橫山鄉的黃花風鈴木等等。但風雨陰晴是無常，一夜風雨就可以打落花朵。近年氣候異常，對的季節不一定有好的花開，例如今年的花序混亂，櫻花、杜鵑花和木棉同時綻放，讓人分不清孟春和暮春。

賞花需要足夠的時間和合適的心情。明明是花季，可能抽不出時間，或者有了時間，沒有心情，被工作和俗務絆住，春寬夢窄。後來我慢慢發現，花見是一

新竹縣橫山鄉 王學呈 4/14

種境界，是因緣聚合。春暖花開配上風和日麗，還要有賞花的時間和心情。如果都能聚合，那就是好的時節，應該好好珍惜。

依照禪宗的思維，花開是一種心境。花開是事實，但美麗的程度依每個人的心情而不同，這如同六祖惠能的「風動，幡動，心動」公案。快樂是很主觀的事，跟多寡無關，也跟深淺無涉。

豐臣秀吉造訪日本茶聖千利休。千利休在小小的茶室的壁龕，僅僅擺放一朵牽牛花，展現侘寂之美，勝過黃金滿室，感動了豐臣秀吉，進而改變大和民族的美學邏輯，從繁複走向極簡。簡單是最極致的繁複。

日本禪學大師松尾芭蕉曾經說過：「宿醉不算什麼係，只要有櫻花。」這位佛門的得意弟子，走遍千山萬水，並以俳句留名。花開是他生活和旅行的印記。

賞花是心情極度放鬆，最像自己的片刻。可以一起吃飯，是朋友；可以一起做事，是同事或戰友；可以一起賞花，那就是知交了。知交很少，就像賞花的因緣聚合，非常稀少。心氣相通，才能夠一起賞花。

賞花是很細膩的事。「陌上花開，可緩緩歸矣。」說這句話的人，是五代十國時期的吳越王錢鏐，有景有情，一語道盡人生風景的美麗和期待。

賞花是平凡的幸福。我們在季節推移而變換姿態的自然風物中，走進紅塵，跟自己好好相處。「鬢從今日白，花似去年紅。」

在中場之前賺足

清晨的菜市場，陽光照耀的蕃茄和玉米，看起來非常可口。我買了三個蕃茄和兩隻玉米，順便和攤商聊幾句。

這位賣蔬菜和水果的中年男子擺攤二十餘年。他每天上午七點半開始營業，賣到下午一點半左右。他說：「營業的中點線很重要，也就是十點半左右。通常上午十點半左右的營業額，必須能夠回收所有的直接和間接成本，包括租金、進貨成本和貨車油錢，以及我自己的鐘點費等等。中場之前賺足，中場之後都算多賺的。」

在中場之前賺足、在中點之前遙遙領先是很重要的觀念。我高中和大學的時候擅長徑賽，尤其是中長距離賽跑。以五千公尺徑賽為例，四百公尺的跑道要跑十二圈半，槍聲響起的第一圈就必須領先，第二圈和第三圈把距離拉開，第六圈

市場的清晨 王學呈 5/31 2020

之後遙遙領先多數人，最後一圈再衝刺，這樣才有可能拿到錦標。

人生也有中線。內政部資料顯示，二〇一八年台灣人平均壽命八十點七歲，從出生到大學畢業，再加研究所，生涯的中線大約是四十五歲。

我年輕的時候常常有前輩告訴我，要認真工作，省吃儉用，專注投資，在四十五歲以前把錢賺足，足夠一生所用，此後從容不迫，隨緣隨喜，四十五歲以後的薪資或投資所得，都是多賺的，一切放輕鬆。跟我說這些話的前輩現在已經超過七十歲了，每一個都活得健康豐裕，很有福氣。

我常常跟業務同仁說，每個月的第一週和第二週就把當月的委刊單簽回來，第三週和第四週好好準備下個月的業績，進入良性循環，就像長跑，腹式呼吸，步履穩健，這樣每個月都可以達標，甚至超達，每個月都可以領獎金，再用獎金去投資股票或房地產，這樣才有可能富裕。

中場之前設法賺多，中場之後都是多賺的。年輕時追求轉速，年長之後有所轉變。

既然是多賺的，就應該多助人，多布施。最好的布施是法布施，塑造一個生態系或平台，創造就業機會，提高國民所得。

我認識一些老闆，他們中場之後的投資和創業，利他的成分多於利己，心存善念，氣定神閒。正因為如此，反而賺得更多，成為福報，澤及子孫。

有一個好父親不如有一個好兒子

這應該是二〇二〇年七月最深刻的一天。

七月四日（週六）上午十點，我開車到桃園市八德區，參加桃園市長鄭文燦母親鄭邱碧回的公祭。車子在八德交流道狂塞，好不容易下了交流道，前往公祭的現場，車流非常緩慢，為了避免遲到，我把車子停在稻田旁邊，步行前往現場。

當天豔陽高照，我走了將近二十分鐘，汗流浹背，穿過稻穗低垂的田隴，經過「指玄宮」，明亮橘色的屋瓦，屋脊上有很多龍，華麗多彩，典型的台式廟宇。廟裡祭拜的主神是「孚佑帝君」（呂洞賓），禾香風揚。

到了公祭現場，車水馬龍。我出道三十幾年，這大概是我見過最盛大的公祭，從政界、產業界到媒體，每個單位排隊鞠躬，行禮如儀。

指玄宮 桃園八德 王學呈 8/2 2020

鄭文燦的母親鄭邱碧回生平低調，而今告別式冠蓋雲集、備極哀榮，完全是因為鄭文燦這個前途看好的兒子。

我剛出道跑新聞時，曾經有一位部長級的長輩跟我說：「與其有一個好父親，不如有一個好兒子。」那時候年輕聽不懂，現在完全懂了。

一般人期待有一個好父親，從小吃好穿好，順風順水。可是好父親對子女的照顧可能只到三十歲，最多四十歲，接下來父親可能退休了，失去權力和資源，身體差一點的，可能過世了。

接下來小孩就要靠自己了。前半輩子日子過得太舒服，一旦失去父親的庇蔭，後半輩子可能就辛苦了。所謂的家道中衰，就是這樣來的。

我常常看到有些父母親捨不得放手，小孩大學畢業之後，安排小孩進自己的公司，就近照顧，給最大的資源。這樣其實是在害小孩，小孩永遠長不大，後半輩子就難過了。

古人所謂的「易子而教」，這句話充滿智慧，也說明子嗣的重要。

子女成材，父母親愈活愈輕鬆。等到父母親六十歲之後，小孩完全自立，成家立業，完全不用父母操心。哪一天父母親走了，至少有個像樣的告別式，子孝孫賢來送終。

人生在世，希望上半輩子認真一點，下半輩子瀟灑一點；千萬不要早年榮華富貴，晚年翻箱倒櫃。

那天的公祭結束，我順著原路，走回去開我的車，日正當中，天氣更熱了。我永遠記得指玄宮的橘色屋瓦和阡陌稻田。

百分之十的餘韻

八月二十一日中午，我在花蓮市的璞石咖啡廳作畫，隔壁桌坐了五位台北來的遊客，一直在討論台積電的股價和技術線型，滔滔不絕。他們期待台積電股價再漲一、兩根停板，然後再賣出。

我心裡想，為什麼大老遠從台北跑來花蓮討論台積電？要討論台股，留在台北就好，不要辜負花蓮的好山好水。

我手上曾經也有台積電，今年三月中旬買的，今年八月上旬出清。以股市的資金浪潮來看，我知道台積電可能還會再漲，甚至可能漲到每股五百元（沒想到後來漲到六百元以上，世事難料），但我寧可在四百二十元以上分批出場，留十％到十五％的空間給別人，祝福大家都賺錢。

我二十幾歲的時候開戶買股票，有位股市大戶教我：「如果你想買在最低

豊年祭 花蓮
王學呈 8/30 2020

點，你就會買不到；如果你想賣在最高點，你就會賣不掉，到最後套牢，賺錢變賠錢。預留下檔和上檔十％的空間，你一定可以進得了，並且出得掉。」這話我一直謹記在心。

用文學的語言來說，這十％的空間叫「餘韻」。寫文章要留餘韻，讓讀者意猶未盡；畫圖要留白，讓視覺有所停泊；做人要留餘地，不要趕盡殺絕；作股票要留空間，人取我予，人棄我取；作生意要給往來對象留利潤，一去百回。

套用佛家的智慧，勢不可用滿，福不可享盡，物極必反，盛極必衰。

台股的每一次萬點行情我都經歷過，而且很幸運地全身而退。不管是民國七〇年代的資產股泡沫，八〇年代的電子股狂潮，一直到最近這一波資金行情，當年的持股，我賣掉之後又漲了一波，但知足常樂，不要想賺飽賺滿。正因為適時出場，每一次的崩盤我都逃掉，沒有受傷。

那天我離開咖啡廳時，那五個台北客還在討論台積電，真是忘我啊！當天晚上我參加花蓮縣的豐年祭，我刻意席地坐在表演團體進場的入口附近，近距離觀察原住民少女的服飾和儀態，以及充滿活力的肢體語言。

旅行也要留餘韻，行程不要排滿，位置不要被框住，預留自由走動的時間和空間。管理要留餘力，好的領導者從來不忙，從容不迫，隨時準備補位並處理危機。

寫信給十年後的自己

週二上午，我去拜會一位首長。我們是政大法律系的同班同學，同一個時期在美國留學，都在東岸，我在華府，她在賓州。

約見的時間是上午十點，我有早到的習慣，九點就把車停她的辦公室附近，喝一杯手沖咖啡，然後在南昌路的巷弄裡閒逛，享受秋天，看著陽光灑在載貨的機車上，拉出長長的影子。

那天的拜會其實就是閒聊。我們到政大入學同班，那是四十年前；我們在美國留學，大約是三十年前；她在公部門嶄露頭角，我在媒體開始擔任管理職，那是二十年前；我們有一次微風廣場巧遇，那是十年前，那時候她是主任秘書，我是總經理。我們總是遙遙相望，久久連絡一次，知道對方在幹嘛。

四十年前還是大型電腦的時代，之後個人電腦普及，接下來是有線網路，再

ANO 065
台北市南昌路
王學呈 9/13 2020

下來是無線網路和智慧手機，現在還有DI（數據工程）和AI（人工智慧）。

很多人以為這個世界變快了。其實不是，那只是資訊傳輸和演算的速度變快，人性的歷練和節奏還是跟以前一樣，大約十年一個坎。學習曲線無可替代。

我們對部屬的觀察和考核，還是以年為單位；我們的日子，還是以四季和二十四個節氣為基準，沒有脫離農民曆的範疇。

培養一個優秀的記者，從入行教他寫導言，起承轉合，把重要的人脈交給他，一直到他可以寫大稿，影響時局，至少需要十年。

栽培一個中高階主管，從挑選、訓練到完成歷練，並能夠帶領一個部門，可能也要十年。

一個公司或平台的商模，一個經營團隊的磨合，從開始到江山穩固，擁有穩定的獲利，可能需要五年到十年。

網路時代當然可能暴起，但也可能暴落，看看那些朝生而暮死的網紅就知道。

我們當然可以快速拉拔一個人，但這可能是揠苗助長，愛之適足以害之。真正有智慧、有實力的經營者，寧可用比較長的時間，扎下穩固的基礎。

我認識幾個企業老闆，他們都有一個共同習慣，就是在人生的整數關卡，例如三十歲或四十歲，寫一封信給十年後的自己，內容包括對未來的期待，以及對現在的認知和沉思。

信寫好之後，封起來，存在銀行的保險櫃裡。十年之後打開信，面對十年前的自己，那些初心和夢想，對照現實的所有波濤和結果，那些想得到或想不到的際遇。

十年一覺揚州夢，這就是人生。

欲望變小　幸福就變大

那是個陽光燦爛的下午，我到新竹縣新埔鎮看農家曬柿子，柿子象徵吉祥和豐饒。每年秋天，我都期待看到紅橙橙的柿子。從軟柿吃到硬柿，甚至筆柿，伴隨著美好的秋光。

日本小說家三島由紀夫曾經到奈良取材，柿子是奈良的特產，每逢深秋，紅柿高掛在古剎的白牆上。三島由紀夫在他第一部小說《春雪》中寫道：「房檐下成串的乾柿子仍然潤澤的落日似的顏色。」

奈良也是我喜愛的城市，我曾經造訪奈良四次，看佛像兼寫生。二〇二〇年因為新冠肺炎疫情影響，我無法登機出國，奈良很遠，不過新竹縣的柿子很近，從台北市開車南下，一個小時就到新埔鎮，紅紅的柿子訴說著生活的平安和美好。

室庭輝
户耀
紅柿新埔
學呈 10/25 2020

所有事情都是相對的。景氣順遂的時候，我們追求比較高的收入、比較遠的行程，以及比較大的幸福；景氣不振的時候，我們企求平穩的收入、在地的行程，以及適度對稱的幸福。

禪宗講求「境隨心轉，相由心生」。當欲望變小，幸福就變大。簡單質樸，細水長流才是生活的真義。

新冠疫情是環境對我們的反撲。二〇二〇年，大家都活得辛苦。努力控制成本，人員適度換血，多方試探市場需求，才有可能度過難關。

這一年，風傳媒集團的業務人員換掉三分之一，幾乎每個月都有人離開，那真是艱難的過程。但換血之後，人員效率提高，靈活調整進攻隊形，二〇二〇年的業績比前一年成長十六％，並為將來的成長扎下穩固的基礎。

目前看來，二〇二一年疫情還在，全球斷鏈、產銷區域化、市場行情劇烈波動、產業週期縮短，都是我們必須面對的現實。疫情之前的商模不再適用，疫情將催生新的商模和組織結構。危機和轉機經常在同一個時間出現，敬天勤勉的人看到轉機，墨守成規的人在危機中沒頂。

不管順不順遂，日子總要開心過。把欲望縮小，珍惜生活。疫清只針對人類，無礙春花和秋柿。這些季節變幻之美，支撐著我們，簡單而平靜地邁向未知的旅程。

微旅行

那天下午三點，我到新北市土城拜訪一個客戶，討論專案。過程還算順利，四點半多一點，客戶就放我走了。車子開出來，剛好是省道台三線，我直覺往南走，朝大溪、龍潭的方向移動，兜兜風，看看稻田和山景，沈澱一下剛才談話的內容。

受到新冠肺炎的影響，今年沒有出國的大旅行；因為疫情打亂市場節奏，也沒有國內的輕旅行，只剩下這種洽公之餘的幾個小時旅程，姑且稱之「微旅行」。

我曾在今年三月請休一天，原本打算一日遊。或許是莫非定律，休假那天電話和訊息特別多，有的是客戶高層打來的，來號顯示，不接不行，車子停在台二線海邊認真回話，因為客戶高層拜託，必須馬上處理，來回穿梭處理之後，太陽

台三線 新竹 橫山 王學星 7/26 2020

快要下山了。

之後我覺悟了。二〇二〇年就豁出去了，反正請假和不請假，好像沒什麼差別。這是集體焦慮、動盪不安的一年。

那天在台三線的微旅行也不平靜。車子過了大溪，手機響，來號顯示是某公司的董事長，我用免持聽筒的方式接聽，他跟我講了三分五十四秒，目的就是要《風傳媒》幫他上一條免費廣編稿。董事長打電話給社長，只是要拗一條免費的廣編稿，由此可知今年烽火連天的市況。

今年是微利年代。二〇〇九年我在《商業周刊》由編務轉業務，那時的專案毛利率經常超過八十%，之後一年不如一年。到了二〇二〇年，疫情瓦解民間商模，多數的訂單變成短單和小單，業者走一步算一步，執行項目機動調整，合約的甲方和乙方都要維持很高的彈性和誠意。

微時代是實力和耐力的長久考驗，智商（IQ）和情商（EQ）必須兼顧。逆境若能成長，就是下一個階段的贏家。

那天我接完電話，持續向南奔馳，夕陽緩慢西沉。到了新竹縣橫山鄉，黃金暮色掛在道路盡頭，展現內山公路的多彩媚力，成為當天行程的美好句點。

商場就像股市，總是在極度悲觀和絕對樂觀之後，出現轉折，進入新的次元和循環。煩惱產生智慧，反過來說，榮景的背後可能就是幻滅。誠如憨山大師的名言：「荊棘叢中下足易，月明簾下轉身難。」

今天我是你的財神爺

週四到台東知本國家森林遊樂區拍片。運氣很好，多雲的天氣，光線充足而溫和，完全不用補光。園區內的山芙蓉盛開，明媚動人。

我和來賓的狀況都好，沒有吃螺絲，也沒有NG，訪談原本預計拍攝兩個小時，結果五十分鐘就搞定。平白多出七十分鐘，在搭機返回台北之前，我決定到台東市區逛逛。

黃昏的台東市區有點慵懶，我吃了一盤林記臭豆腐，接著到鐵花村走走。可能時間還早，營業的攤位不多，有一個賣木質鋼筆、自動鉛筆和牛皮筆套的攤位引起我的注意，攤主是個年經男生，文青氣質。

我拿起一枝鋼筆，作工細緻，問了價錢，一枝一千三百元。我放下鋼筆，拿起一個筆套，問價錢，六百元。

山芙蓉 知本森林遊樂
王学呈 12/13 2020

我應該是他今天第一個客人，他詳細解說鋼筆和筆套的材質和作工，我沒吭聲。他看我沒反應，緊接著介紹一個比較簡單的筆套，三百元，還有繪圖用的自動鉛筆，一枝一千元。我還是沒回應，他有點緊張，講得更多，深怕我不買。

看他一直講，我回他：「放心啦！我一定會買啦，我會幫你開市。」聽到這句話，他笑了。

到最後，我挑了兩個筆套，一枝繪圖用的自動鉛筆。鋼筆我真的不需要，我的鋼筆跟毛筆一樣多。繪圖的自動鉛筆可能用得著。

我問他：「就這樣，多少？」他說：「一共一千六百元，算您一千五。」還不錯，優惠我一百元。我知道我如果殺到一千二百元，他還是會賣我。但我不會殺價，我讓他圓滿開市，這一千五百元夠他付今天的攤位租金和便當錢，接下來的每筆成交都是賺的。

我拿一千五百元給他，跟他說：「我幫你開市，今天，我是你的財神爺。開市愈早愈好，祝你今天財源滾滾，大發利市。」

我年輕的時候也擺過攤，深知開市的重要。當年受到很多阿姨、伯伯的照顧，擺攤都賺錢。

現在回過頭來，如果可以，我很樂意幫別人開市。我每天早上跑步運動，運動完去逛菜市場，常常幫別人開市，尤其是那種帶小孩的年輕夫婦，賣草莓的、賣櫻桃，我通常挑最貴的買，讓他們一天都好運。

錢財聚散無常。做生意，真的靠大家照顧。而好運如何能夠不斷？我認為好的生意人應該做三件事：

第一、行善積德。這樣才有好的磁場。第二、讀書寫字，這樣才有智慧。第三、勤勉正直，天道酬勤，這樣才有正向循環。

武陵農場的桃花

大三那年（一九八三年）的春假，我隨政大登山隊縱走「聖稜線」。計畫從雪山走到大霸尖山，途中有斷崖、碎石坡、高箭竹林等等，所有的登山技巧都必須用上，聖稜線是登山界的聖山，類似少林寺的十八銅人陣。

剛開始很順利。到了三六九山莊住宿，一夜大雪，隔天清晨往雪山主峰的路上都是厚雪，而且雪還在下。我們撤回三六九山莊，經過討論之後，領隊決定撤退，我們快速往七卡山莊移動，接著回到武陵農場。

聖稜線是我一直想走的路線。學生時代，上一次山大約要準備一千五百元，支付車票、食物等費用，兼家教要存兩、三個個月才可以存到一千五百元，撤退當然失望，但為了安全，別無選擇。

回到武陵農場，櫻花、桃花、李花爭豔，萬紫千紅。我和另一個隊友摘了初

桃花
王學呈 1/17 20

放的桃花，用泥土包覆底部，拿在手上，帶回台北。

高海拔的雪，到了中低海拔變成雨。回程的路上，下不停的雨。我們搭客運，再轉火車，帶著默然的心情回到木柵。

我們都有心儀的女生。隔天上午，我們帶著那些桃花到學校，送到女生的宿舍或住處。這招果然有效，千里迢迢，從武陵農場來到木柵的桃花起了催化作用，沒多久，我們都追到女朋友。

如果沒有那場大雪，我們應該順利走完聖稜線，從大霸尖山出山，我們就不會從武陵農場帶回桃花，可能就追不到女朋友。那次的撤退，成就了我們在大學時代的愛情。

我大四考上預官，在高雄服役，一個月回台北一次。遠距愛情經不起時間的考驗。服役的第二年，我們散了。那是非常悵惘的過程。另一個隊友的大學愛情，也在當兵（他抽到金馬獎，在外島服役）時結束。

後來我到武陵農場度假或寫生，總會想起年輕時的那株桃花，以及桃花帶來的愛情和遭遇。人生的禍福得失就是這樣，互為因果，依序而來。

出社會之後我在大公司做事，力爭上游，經過無數的成功和失敗。我慢慢發覺，我們常在失敗的時候找到成功的契機，在得意的時候埋下悲劇的種子。我們在所有的雨收雲散、水流花謝之後，找到最真實的自己，善良而堅忍。

唯一不變的是武陵農場的桃花，它讓我們想起年輕的歲月，還有永遠年輕的心。

國家圖書館出版品預行編目(CIP)資料

喜歡的事開心做，不喜歡的事耐心做：社長的 63 則富慧人生私房話＋手繪人生風景畫 / 王學呈著. -- 初版. -- 臺北市：商周出版：英屬蓋曼群島商家庭傳媒股份有限公司城邦分公司發行, 2021.06
面； 公分
ISBN 978-986-0734-02-7（平裝）

1. 人生哲學 2. 生活指導

191.9 110005499

喜歡的事開心做，不喜歡的事耐心做

作者 王學呈
責任編輯 徐藍萍
編輯協力 賴曉玲

版權 黃淑敏、吳亭儀
行銷業務 周佑潔、華華、劉治良
總編輯 徐藍萍
總經理 彭之琬
事業群總經理 黃淑貞
發行人 何飛鵬
法律顧問 元禾法律事務所 王子文律師
出版 商周出版 台北市 104 民生東路二段 141 號 9 樓
電話：(02) 25007008 傳真：(02)25007759
E-mail：bwp.service@cite.com.tw
發行 英屬蓋曼群島商家庭傳媒股份有限公司城邦分公司
台北市中山區民生東路二段 141 號 2 樓
書虫客服服務專線：02-25007718 02-25007719
24 小時傳真服務：02-25001990 02-25001991
服務時間：週一至週五 9:30-12:00 13:30-17:00
劃撥帳號：19863813 戶名：書虫股份有限公司
讀者服務信箱 E-mail：service@readingclub.com.tw
香港發行所 城邦（香港）出版集團有限公司 香港灣仔駱克道 193 號東超商業中心 1 樓
E-mail: hkcite@biznetvigator.com 電話：(852)25086231 傳真：(852)25789337
馬新發行所 城邦（馬新）出版集團 Cite (M) Sdn Bhd
41, Jalan Radin Anum, Bandar Baru Sri Petaling, 57000 Kuala Lumpur, Malaysia.
Tel: (603) 90578822 Fax: (603) 90576622 Email: cite@cite.com.my

封面設計 張燕儀
內頁設計 洪菁穗
印刷 卡樂彩色製版印刷有限公司
總經銷 聯合發行股份有限公司 新北市 231 新店區寶橋路 235 巷 6 弄 6 號 2 樓
電話：(02) 2917-8022 傳真：(02) 2911-0053

■2021 年 6 月 29 日初版
■2021 年 11 月 2 日初版 4.3 刷

城邦讀書花園
www.cite.com.tw

Printed in Taiwan

定價 400 元

 ISBN 978-986-0734-02-7